政务接待之沟通

沈莉莉　著

SPM
南方传媒　广东人民出版社
·广州·

图书在版编目（CIP）数据

政务接待与讲解 / 沈莉莉著 . -- 广州：广东人民出版
社，2025.8（2025.10 重印）. -- ISBN 978-7-218-18810-2

Ⅰ . D630.1

中国国家版本馆 CIP 数据核字第 2025ZF5419 号

ZHENGWU JIEDAI YU JIANGJIE

政务接待与讲解

沈莉莉　著

出 版 人：肖风华

出版统筹：魏家坚
策划编辑：蔡子凤
责任编辑：钱　娜
责任技编：吴彦斌
题　　字：刘小毅
封面设计：王玉美
装帧排版：广知园

出版发行：广东人民出版社
地　　址：广州市越秀区大沙头四马路10号（邮政编码：510199）
电　　话：（020）85716809（总编室）
传　　真：（020）83289585
网　　址：https://www.gdpph.com
印　　刷：佛山市昊德印刷有限公司
开　　本：787毫米×1092毫米　1/32
印　　张：9.25　字　　数：200千
版　　次：2025年8月第1版
印　　次：2025年10月第2次印刷
定　　价：78.00元

如发现印装质量问题，影响阅读，请与出版社（020-85716849）联系调换。

售书热线：（020）85716896

序

PREFACE

在全面建设社会主义现代化国家的新征程中，政务接待与讲解工作作为政府联系群众的"第一窗口"，既是展现国家治理能力的重要载体，也是传递政策温度、凝聚社会共识的关键纽带。新时代政务接待与讲解工作既要坚守"以人为本"的服务初心，也要实现规范化、专业化、智慧化的转型升级。

随着服务型政府建设的推进，公众对政务服务透明度和专业性的期待日益提升；跨区域协作与国际交往的频繁化，对接待人员的政治敏感度、文化理解力提出了更高要求；新媒体时代的传播特点，让讲解工作从"单向输出"转向"双向对话"。这些变化既给政务接待与讲解工作带来了挑战，也催生了创新实践的机遇。本书立足这一背景，试图以系统性思维重构政务接待与讲解的知识框架，不仅注重理论根基的夯实，更强调实践智慧的凝练。

因学识和水平所限，平素我是不敢给书作序的，更遑论政务接待与讲解方面的力作。但本书作者沈莉莉乃中国导游（讲解员）之翘楚，不仅是全国红色故事金牌讲解员、中国旅游集团导游大赛冠军、广东省劳动模范，而且在政务接待与讲解领域深耕多年，积累了丰富的实战经验与较高的理论素养。作为中国导游学的开创者和践行者之一，我实在是却之不恭，只好勉力而为。在《政务接待与讲解》一书中，作者以全面的视角、细致的笔触，对政务接待与讲解工作进行了系统性的阐述。从接待的前期准备工作（包括制订政务接待计划、做好背景调查、安排接待用餐和住宿、做好行程演练等），到接待服务中的重难点（如明确角色、改变思维、同理共情、坦然面对批评与投诉等），从讲解词中故事的撰写（如挖掘信息亮点、组织逻辑结构、优化语言表达），到讲解技巧的运用（如肢体语言、语音语调、互动方式等），书中都进行了详细且深入的剖析，并对突发事件的应对与处理进行了详细的分析与探讨。同时，作者还引用大量真实生动的案例，方便读者更加直观地理解理论知识，掌握实际操作技巧，真正做到学以致用。

本书的编写得到了多位资深政务接待专家、外交礼仪顾问的悉心指导，并收录了大量典型场景的案例分析和深度思考，力求在标准与灵活、规范与创新之间找到平衡。它不仅适用于党政机关、企事业单位的接待工作者，还可为外事、文旅、宣传等领域的从业者提供参考。期待读者通过本书，既能掌握"细节处见格局"的服务技巧，更能领悟"沟通中促共识"的深层智慧。

政务接待与讲解，是门永无止境的学问。书中所述，既是经验的总结，也是探索的起点。展望未来，随着我国经济社会的持续发展，政务接待与讲解工作将面临更高的要求与更广阔的舞台。相信《政务接待与讲解》这本书能够成为广大政务接待人员的得力助手，帮助他们不断提升专业能力，以更加优质、高效的接待与讲解服务，助力政府工作的顺利开展，为地方经济社会发展、国家治理体系与治理能力现代化建设贡献积极力量。让我们借助这本力作的智慧，在政务接待与讲解的岗位上，用心用情，讲好中国故事，传递时代强音。

（熊剑平，中国旅行社协会导游专委会首席专家，湖北大学旅游学院教授、博士生导师。）

前 言
FOREWORD

　　2005年，是我人生的第一个转折年，这一年我获得广州市首届金牌导游的荣誉称号。也正是因为这个荣誉，我有幸参与了广东省外事办"中国驻外使节珠三角考察团"的接待与讲解工作，陪同中国驻外大使在广东考察众多优质企业。该活动还被纳入"广东外事接待30年大事记"，成为广东省外事接待里程碑事件之一。这是我第一次接触到高规格的政务接待，至此和政务接待与讲解结下不解之缘。截至目前，我依然服务在广州政务接待与讲解一线，还连续多年收到市委、市政府及各级政务机关事业单位的表扬信，这让我倍感光荣。

　　2015年，我很荣幸被评为文化和旅游部（原国家旅游局）"国家导游技术技能大师"。全国共有82名导游入围，只有我一人申报的课题是"政务接待与讲解"，此时的我还没有意识到这将给我的生活带来多大的变化。那一年评选结束后，我开始陆续接到赴全国各地授课的邀请，这时我才发现原来"政务接待与讲解"是如此"小众"却又"广泛"的课题。说它"小众"，是因为国内针对"政务接待与讲解"课题的书籍和论文较少，可参考的教材不多；说它"广泛"，则是因为在实际工作当中，无论政府机关、企事业单位还是个人，都有可能接触一次或多次政务活动。我所接触的学员普遍存在困惑和模糊不清的状况，他们虽深知政务接待活动的重要性，可真正实践的时候又有种不知如何下手的无力感。

而我则在一次又一次的反复授课和实战当中，梳理出课程的逻辑与脉络，将自己的实战经验提炼成理论，再从理论角度重新去指导实践更好地开展。同时也因为经年累月的持续输出，我对政务接待与讲解工作有了全新的认识，从而试图以系统性的思维重构政务接待与讲解的知识框架。从政务接待工作解读、接待的前期准备工作、接待人员的规范礼仪，到接待服务中的重难点、沟通与交流中的要点，再到讲解内容的基本要求、给听众讲好故事的思路、讲解词中故事撰写的方法、讲解语言的表达技巧和突发事件的应对与处理等十个章节，尽可能地模拟政务接待与讲解的全流程，将其中涉及的环节及重难点结合案例进行理论总结。

　　工作多年，我深知只教技巧和方法远远不足以应对千变万化的实际情况。只有掌握了事物的底层逻辑，明白问题的关键难点，才能做到万变不离其宗，应对时游刃有余。所以我在撰写此书期间，既努力做到理论根基的夯实，又强调实践智慧的凝练。希望读者，无论是从事政务接待与讲解活动的统筹策划工作者还是具体执行者，或是对政务接待与讲解感兴趣的爱好者，都能从此书中得到启发，找到方向。

　　期待此书能成为您工作与生活中的实用指南，无论是作为参考工具、案头资料，还是作为随时查阅的手册。衷心感谢所有购买此书的读者！我会继续努力的！

2025年2月

目录
CONTENTS

第 *3* 章
接待人员的规范礼仪

第 *4* 章
接待服务中的重难点

第 *5* 章
沟通与交流中的要点

第 1 章

政务接待工作解读

发展旅游业是推动高质量发展的重要着力点。习近平总书记对旅游工作做出重要指示，强调"着力完善现代旅游业体系，加快建设旅游强国"，"推动旅游业高质量发展行稳致远"。与此同时，近年来无论是国务院办公厅印发的《关于释放旅游消费潜力推动旅游业高质量发展的若干措施》，还是文化和旅游部发布的《关于贯彻落实〈关于释放旅游消费潜力推动旅游业高质量发展的若干措施〉的通知》，都提出要将释放旅游消费潜力、推动旅游业高质量发展摆在当前工作的重要位置。

2021 年，文化和旅游部发布的《关于加强政策扶持进一步支持旅行社发展的通知》明确指出："鼓励各级国家机关、企事业单位、社会团体进行的党建活动和公务活动，委托旅行社代理安排交通、住宿、餐饮、会务等事项。" 2023 年，《国内旅游提升计划（2023—2025 年）》"提升旅游市场服务质量"一条中明确提出："培育旅游服务质量品牌。建立完善旅游服务质量品牌培育机制。推动旅游业标准化、专业化、品牌化发展，培育一批专业度高、覆盖面广、影响力大、放心安全的服务精品，充分发挥服务品牌对旅游服务质量提升的引领带动作用。"

问题1　何为政务接待

一、政务接待定义

政务接待不是简单的参观走访活动，而是当地政府或部门展示城市／政府管理水平高低，宣传城市／政府文化的窗口，起传递和交流信息、招商引资、牵线搭桥、合作互惠的作用，是一项充分展示城市综合实力的重要政治工作。

二、政务接待人员

政务接待人员是指在由当地政府部门主办、由相关合作单位包括旅行社承办的接待活动中，担任接待与讲解的工作人员。

政务接待人员不仅仅是普通的服务人员，更是一个城市的形象代言人，是嘉宾全方位、多角度了解城市历史文化、经济成就、发展沿革的窗口。政务接待人员的一言一行不仅仅代表个人，更从侧面代表了城市发展的水平和综合实力。

三、政务接待分类

根据工作场地及内容，可将政务接待分成以下三类：

1. 定点接待

定点接待指只在某一个固定场所专门进行接待与讲解服务，一般由景区、企业、政府相关机构专职讲解人员担任，或临时聘请导游／讲解员客串。

特点：时间短，任务重。

要求：对该点情况了如指掌，明确重点、要点、亮点，做到如数家珍、眼明手快、随机应变。

2. 随车讲解

随车讲解指在前往参观点途中的车上进行接待与讲解服务，一般由导游／讲解员或主办方接待人员担任。

特点：空间小，注意力高度集中。

要求：把握讲解节奏，注意上下环节衔接和沟通；观察敏锐，能够根据情况及时调整讲解内容和重点。

3. 全程接待

全程接待指负责整个接待活动的接待与讲解服务，一般由导游／讲解员担任，主办方接待人员从旁协助。

特点：工作时间长，互动充分，涵盖范围广。

要求：综合素质高；知识储备充足，能够做到细分专题讲解；高度配合各环节衔接，能够做到随时查漏补缺，临时补位。

四、政务接待人员的"四个意识"和"三做到"

1. "四个意识"

"四个意识"包括政治意识、大局意识、文化意识和服务意识。

政治意识，要求做到从政治高度看问题，注意政治纪律，强调活动的重要性和严肃性。

大局意识，即一荣俱荣，一损俱损，不计较个人得失，以大局为重，勇担责任。

文化意识，即明确自身定位，讲述城市历史，讲述城市文化，讲好中国故事，传播好中国声音。

服务意识，强调以人为本，以客为先，让嘉宾有宾至如归、乐而忘返、满意而归的感受。

2."三做到"

"三做到"指政务接待人员要做到问不倒、讲得好、服务佳。政务接待人员是城市的宣传大使，为城市形象起宣传与推广作用；是行走中的老师，讲述的不仅仅是城市一角，更是城市的历史，他们通过讲述城市的故事、传播城市的声音，展示城市的综合实力。

五、政务活动与旅游活动的区别

1.参与者心态

政务活动参与者前往目的地的原因包括考察、参会、评审、交流、学习、投资等，其本质是工作，而不是游玩。

旅游活动参与者前往目的地的原因包括休闲、放松、娱乐、聚会、求知等，其本质是游玩，不是工作。

2.接待者心态

政务接待人员代表官方接待人员，一定程度上代表了城市的形象。因为政务无小事，接待不能重来，所以政务接待人员一般会精神高度紧张，如履薄冰。

旅游团导游代表公司接待人员，只要按照合同规定办事，确保行程顺利、无安全事故、嘉宾无投诉即可，接待人员心情相对轻松，心理压力较小。

3. 团队特点

政务团队虽提前做好了接待方案，但经常面临计划赶不上变化的情况，在时间短、任务重、变化多的多重因素下，需要综合统筹协调各方关系和部门，以做好调整和相应的安排。

旅游团一切按照合同执行，除非遇到不可抗力或重大突发事件，一般情况下活动方案均不会临时调整和变动，可控性强。

4. 接待要求

政务团队接待标准和规格根据领导级别、活动基调及相关标准规定执行，力求做到合法合规，不超规格接待；求俭从简，不铺张浪费。

旅游团接待标准和要求则根据游客自身的预算而定，在不违反国家法律法规、社会公序良俗的基础上进行合理设计与安排。

5. 人员要求

政务团队要求政务接待人员既对当地历史文化、经济发展概况、城市更新与发展、考察点情况如数家珍，又有较强的应变能力、统筹执行能力，同时落落大方，为嘉宾提供贴心周到的服务。因此，对于政务接待人员，无论是个人形象还是综合能力，都有一定的要求，要具有能代表当地城市综合水平的水准。

旅游团对带团导游的要求则是必须持国家导游证上岗，具备一定的讲解能力，做到亲切、热情服务，能够按照旅行社与游客签订的合同顺利完成接待任务。

问题 2 政务接待人员五大角色定位

一、讲解员

1. 介绍政务信息

政务接待工作涵盖大量关于当地政策、法规、政府工作成果等方面的介绍。接待人员需要准确、清晰并富有条理性地向嘉宾进行讲解，让嘉宾更好地了解当地的政务环境和发展方向，从而促进进一步的交流或合作。

2. 展示城市发展成果

政务接待人员要能够熟练地向嘉宾介绍城市在经济建设、社会民生、科技创新、区域发展等方面取得的成绩，通过翔实的数据、具体的案例和实际成果，让嘉宾直观地感受到城市的发展变化，增强对城市的认同感和对政府治理水平的肯定。

二、服务员

1. 满足基本需求

政务接待工作要确保嘉宾在食、住、行等考察参观方面的基本需求得到满足，为嘉宾提供舒适、便捷的接待服务。只有让嘉宾感受到周到的服务，才能为政务交流营造良好的氛围、打下坚实的基础。

2. 提供个性化服务

政务接待人员应根据嘉宾的特点和需求，提供个性化的服务，展现出城市的人文关怀和细致入微的服务品质。

三、宣传员

1. 宣传城市品牌

政务接待人员在接待过程中，要积极主动地宣传城市的历史、文化、地域特色等，在实地考察和参观中因地制宜、因时制宜地向嘉宾全方位地宣传城市的魅力，提高嘉宾对城市的认可。

2. 传播正能量

政务接待人员在接待过程中，要善于传播积极向上的内容和价值观，展示城市良好的精神风貌和浓厚的人文关怀，让嘉宾对城市留下美好的印象，同时也为城市的发展营造良好的舆论氛围。

四、保卫员

1. 保障人员安全

在政务接待活动中，虽然安保工作会有专人来负责，但接待人员作为一线工作人员，也要学会眼观六路、耳听八方，确保嘉宾和参与活动的相关人员的人身安全。在接待过程中，要注意与安保部门密切配合，做好安全防范工作，保持高度的警觉性和敏感度，时刻留意活动现场和周边环境，及时发现和排除安全隐患。

2. 维护活动秩序

在大型政务接待活动中，可能会有大量的人员参与，容易出现秩序混乱等问题。这时，政务接待人员要协助维持现场秩序，引导嘉宾有序参与活动，避免出现安全事故或突发事件。

小贴士

　　在行程演练环节，要代入嘉宾的视角考察当天的情况，并进行环境安全审视考量。当参观人员众多时，可选择分批分流行进，如在上下楼梯时让主宾乘坐电梯，其余嘉宾走楼梯等；大部队在参观时，转弯处、转角处空间是否足够、有无摔倒的隐患等，都需要纳入安全考虑范畴，做到防患于未然；如在行进中，有群众突然闯进队伍中，首先判断其是否有主观恶意，然后交由其他工作人员带离参观队伍，接着引导嘉宾继续考察行程。

五、保密员

1. 保守政务机密

　　政务接待工作中会涉及大量的政务信息和敏感资料，接待人员必须严格遵守保密制度。按照接待要求，不发朋友圈，不在网上传播，不对外泄露重要嘉宾具体行踪、活动主要信息、地点安排等敏感内容，做到严格保密，防止信息泄露导致安全隐患或舆情事件。

2. 维护信息安全

　　在信息化时代，信息安全至关重要。政务接待人员要具备高度敏感的信息安全意识，妥善保管和处理接待工作中涉及的各种电子信息和文件资料，防止信息被窃取、篡改或破坏，重要文件不得私自转发、截留，更不能私自对外公开宣扬。

总之，在政务接待工作中，接待人员首先要做到以人为本，注重营造热情得体、方便舒适、安全卫生的环境和氛围。同时学会换位思考，时刻考虑嘉宾的感受，从对方的诉求出发，做到"以嘉宾为尊"，把人性化的理念注入每一个接待环节中。于细微之处见真情，做到热情好客、真诚服务、细心周到、无微不至，努力使嘉宾对城市留下美好又难忘的印象。

思考

☆ 什么才是好的服务？谁觉得好才是真的好？

在开展服务之前，首先应该明确优质服务的评判标准：到底什么才是好的服务？谁觉得好才是真的好？承办接待工作的机构或人员，往往习惯从自身角度出发，选择参观考察点进行行程设计，并以此进行相应的服务安排和保障，希望达到成果展示及呈现优质服务的效果。但此种操作因忽视嘉宾的主观感受和需求，常常出现事与愿违、事倍功半的效果。服务品质的评判者应该是被服务的对象，被服务对象的感受和体验才是最重要的服务判定标准。所以，一切从嘉宾的角度出发，以嘉宾的感受为重，才是设计行程、执行服务的根本准则。

问题 3　政务接待工作的承接

政务接待工作往往代表着城市 / 政府的形象和声誉。一场周到、细致、高效的政务接待活动能够展示政府的综合管理水平、统筹能力和服务能力，提升城市 / 政府在公众心目中的形象和地位。相反，如果政务接待工作出现失误或混乱，可能会给城市 / 政府带来负面影响。

当前，各级政府政务接待工作仍处于各自为战的局面。虽然相应的党政机关已设立负责政务接待工作的部门，但除接待工作以外，其仍需承担大量事务性工作。因此，一旦涉及大型政务接待活动，就会出现临时组建接待班子、到各相关单位抽调人员组成接待团队以应对工作的情况。这样做不仅耗费大量人力物力精力，而且由于人员专业程度参差，导致接待效果不佳，甚至出现个别铺张浪费的情况。

国外不少城市以招标的形式购买服务，不仅可将专业的事交由专业的机构和人员办理，还能节省经费，一举多得。旅行社等相关专业机构通过承接政府服务外包工作，不仅可为企业开源，实现差异化竞争，还可通过系统的接待工作在实践中练兵，梳理内部管理系统，优化承接大型活动的重要接待流程，展示企业实力，建立品牌形象，从而更好地推动旅游产品及旅游服务高质量发展。

思考

☆ 选拔政务接待人员时，是外貌优先还是讲解水平优先？

首先，外貌是非常主观的评判标准，每个人对美丑的定义都不同，但按照传统的审美标准，端庄大方是较契合政务接待场景的。其次，讲解好是政务接待的基本功，没有过硬的讲解专业能力，谈何展示城市的综合实力？两者不是二选一，应是兼而有之。

其实，除了外貌和讲解水平，接待人员是否热爱自己的工作，是否热爱自己所在的城市也很重要。作为传播故事的人，接待人员对城市和自身工作的热爱程度能够深深感染每一位到此参观的嘉宾。没有道路能够通往真诚，除了真诚本身。

对于政务接待人员来说，短期努力并不会立竿见影，收获可能远远小于付出。但为了做好接待工作，需要经年累月的积累和沉淀，在没有鲜花和掌声的时候，默默努力和学习的过程，是一个漫长而又难熬的成长期，如果没有清晰而又明确的目标、没有咬定青山不放松的韧劲，是很难坚持下去的。

只有真的热爱，才能扮演好城市代言人的角色，出色完成政务接待与讲解任务。人生海海，不要在意眼前的一城一池，一得一失，学会做时间的朋友，日子有功，我们犹如一颗在土里默默奋斗的种子，终有一天能从土里探出头来，看到更广阔的世界。

☆ 政务接待选人第一标准是什么？

政务接待是一项重要的政治活动，接待人员必须"政治过硬，人品过硬，专业过硬"，因此，选人用人的第一标准是"德才兼备，以德为先"。

某次，我受邀去为一个全国性的大会做接待讲解。因为主会场在某景区内，考虑到我对景区不够熟悉，主办方安排一名讲解主管协助我工作。在前往景区前，已有人提醒我，该主管工作过分随意。按理来说，这并不算原则性的问题，但细节之处见人品，日常工作中的习惯在重大接待场合是会"原形毕露"的，而正是这个"不拘小节"的习惯差点造成本次政务接待中的重大事故。

当天的接待因议程临时修改，接待讲解从白天改到晚上。而景区主要园区均是户外场地，不具备夜间参观条件，光线不足给讲解带来难度。当晚参观时，这位主管用手机的手电筒在前方为我和主宾引路，可是在照明时，她没考虑到跟我的身高差问题，"居高临下"举起手机往下照的时候，光线正好打在我的脸上，不仅没有起到照亮地面的效果，反而使我因为光线刺激连路都看不清楚，给我的接待讲解造成极大不便。然而更大的危机还在后面。

我们在参观时听到一阵急促的电话铃声，原来是最前面带路的主管手机响了，更让人震惊的是她竟然接通了电话！……还好电话很快就挂了。幸运的是，她接电话的时候恰好经过一条狭长通道，主宾还在我的身后没有上前，这才把电话的影响降到最低。虽然最终主宾并未责怪，但该事件也再一次说明，政务接待人员一定要选"德才兼备，以德为先"的人员。

第 2 章

接待的前期准备工作

　　政务接待活动通常涉及多个环节和部门，如交通、住宿、餐饮、会议、考察和参观安排等。通过制订详细的接待计划，可以明确各部门、环节及人员的职责分工，合理设计行程，提前明确各项活动的时间和工作要点。同时，制订计划还可以提前考虑可能会出现的突发事件和意外情况，确保接待人员在现场出现突发情况时能够快速做出反应，确保接待工作有条不紊。

　　接待原则：凡事预则立，不预则废。

准备 1　制订政务接待计划

政务接待计划应包含以下内容：

一、接待规格

根据参观来访人员的身份、目的及双方关系等因素，确定相应的接待规格，包括接待人员的级别、陪同人员的安排等。

二、活动日程

根据参观来访的目的和时间安排，制订详细的活动日程表，包括会议、参观、调研、座谈、考察和交流等各项活动的具体时间、地点、参与人员、会场布置、议程安排、考察点、参观路线等。

三、交通与住宿

根据参观来访人员的行程、需求、级别及接待规格标准，安排既符合标准又契合日程安排的交通工具，如汽车、飞机、火车等，并提前安排好住宿事宜。

四、餐饮安排

根据参观来访人员的饮食习惯和特殊要求，结合日程安排，协调合适的餐饮地点，包括用餐时间、地点、菜品选择等。同时，要确保饮食安全。

五、宣传报道

明确是否需要进行宣传报道，以及宣传报道的规格，结合活动提前与宣传部门沟通和协调，安排相应的媒体机构随行或采访报道，同时明确报道的方式、内容和时间等。

六、安保与保密方案

对于重要的政务接待活动，要制订详细的安保和保密方案，提前核实接待人员的情况，确保嘉宾的人身安全和活动的顺利进行，防止重要信息泄露。

七、应急预案

制订详细的应急预案，针对可能出现的突发情况，如天气变化、车辆故障、路线失误、人员突发疾病、设备故障、现场突发干扰等，提前制订应对措施。

八、实行专人负责制

做到"三个务必"，即务必明确项目总负责人，务必明确活动执行期间现场总执行人，务必明确各环节项目负责人。只有实行专人专职负责制，统一指挥，单向沟通，避免多头管理，才能保证活动执行期间的流畅及快速应变。

准备 2　做好背景调查

一、参观来访团队情况调查

掌握本次接待任务的基本情况和要求，了解参观来访团队、日程安排（包括嘉宾抵离时间、抵达时所乘交通工具）、来访目的、讲解要求、习惯及禁忌等内容。

①参观来访团队：掌握团队性质、工作内容及特点。

②日程安排：通盘了解接待全流程，根据日程安排合理设计具体参观内容和环节。

③来访目的：明确接待环节重点，结合目的有针对性地安排参观内容及系统准备讲解词。

④讲解要求：明确对讲解人员有无特定要求，如专业性、知识性、文化性等，或讲解风格特点、讲解语言、着装等细节要求。

⑤习惯及禁忌：了解参观来访团队的民族及地域文化差异、饮食习惯等，以避免在行程中出现不合适的元素或内容。

二、主要人员情况调查

通过多种方式，全面、准确掌握参观来访主要领导的信息，包括基本情况、工作经历、相关讲话等内容，同时了解主要领导人数和称呼顺序。

思考

☆ 来访团队交代信息不明确怎么办？

来访团队交代信息不明确往往有两个方面的原因：一方面可能是交代信息的人员本身是转述情况，并不是直接对接人；另一方面可能是交代信息的人员自身工作习惯的问题，不清楚接待人员需要了解什么内容，没有交代到位。如果是前一种情况，要想办法拿到直接对接人的联系方式，主动与对接人沟通，详细了解来访团队的信息和具体情况；如果是后一种情况，则应跟交代信息的人员进行二次沟通，讲明来意及前期准备工作的重要性，有针对性地提出诉求，将团队背景、人员情况做个深度了解。

无论如何，方法总比困难多。作为政务接待人员，一定要时刻有"第一责任人"的意识，谨记"团队成功接待，利益优先"的原则，千万不要怕麻烦，不要轻易放过任何一个可能会造成隐患的问题。面对信息不清、情况不明的团队，务必要想办法搞清楚、弄明白，做好万全的准备来应对接待中可能出现的意外。一旦一线政务接待人员放松了，接待工作就可能面临隐患，届时后果就不是某一个人能面对和解决的。

三、参观点调查

提前掌握参观点情况、行车路线、参观顺序、重要建筑、重点项目、注意事项等内容。

1. 设计路线原则

结合政务活动的时间和地点，合理安排行程路线，做到顺序合理、不走弯路、不走回头路、节省时间、契合接待方安排。

2. 设计路线标准

精确计算各参观点的参观时间、参观点之间的路程时间、最佳参观/行车路线，行程设计合理、可行。例如，准备好参观路线图（图2-1），根据路线图进行行程演练。

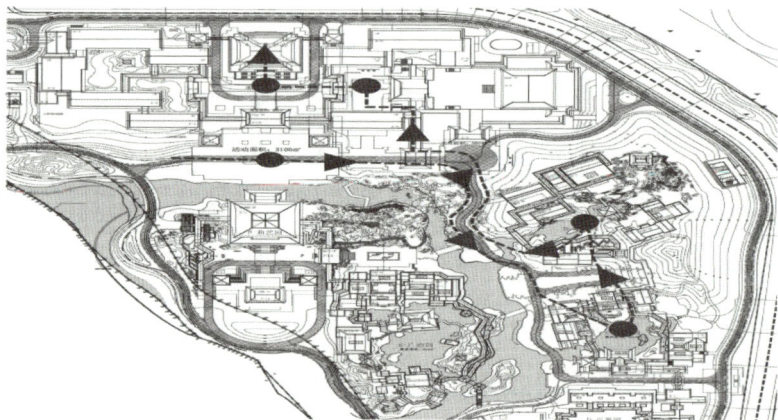

图 2-1　参观路线图

四、接待方调查

1. 确定接待方的要求

提前与接待方进行详细沟通，确定接待方的指导思想和接待规格标准，同时根据中共中央办公厅、国务院办公厅印发的《党政机关国内公务接待管理规定》的指导精神和相关规定做好相应准备工作。

2. 了解接待方领导信息

通过网络搜索及与工作人员沟通的方式，全方位、多角度了解主陪信息，如基本情况、求学经历、工作经历、公开发言、著作等内容，加深对主陪的认识，做好相应的接待服务及讲解工作。

小贴士

可结合参观点的内容，在讲解当中适当引用主陪相关讲话内容，既起到展示主陪工作成绩的效果，又能加深主宾对主陪的良好印象，一举多得。

3. 了解接待单位与参观来访单位近期的互动内容

通过了解近期的互动内容，可明确本次考察是否属于互动的延伸活动，从而更好地明确本次活动的重点和关注点，以便有针对性地设计讲解内容。

小贴士

接待人员可做到胸有成竹，同时还可结合参观点的情况选择合适的物资做好辅助工作，如讲解设备、特殊道具、定制物料等，为嘉宾打造一个无缝衔接、互动体验感强、印象深刻的考察活动。

思考

☆ 为什么做好嘉宾背景调查很重要？

每一个人说的每一句话背后都藏着其过往的人生经历，包括他看过的书、走过的路、经历过的人和事。人的思考方式和兴趣点往往跟这些都有千丝万缕的关联。因此，做好嘉宾背景调查，能对嘉宾的基本情况有更加全面、准确的把握，从而有针对性地"投其所好"。做好相应的知识储备，还可更好应对突如其来的各种提问或突发事件。

准备3　接待用车服务规范

一、服务流程

提前检查 → 行前复查 → 接待过程检查 → 结束

二、服务规范

1.提前检查

在接待活动开始前，最好是在"行程演练"时检查。一般检查以下几个方面：

一是明确车辆标准。根据接待标准、规格、主题、嘉宾人数等确定用车标准及数量，选择适合的车型，做到既不铺张浪费又契合主宾身份。

二是检查车辆外观。检查与接待所定标准是否一致；检查车身外是否张贴广告，车身是否破损，车身外观文字有无歧义等，如有，须进行清理或更换；确保车辆整体至少有8.5成新，注意不要使用半年内的全新车辆，以免新车气味过重，给嘉宾带来不好的体验。

三是检查车内设施。检查车内设施是否完好，包括麦克风及音响设备在内是否可正常使用（麦克风及电池需多配备一套）；检查车内配置是否齐全（可根据活动规格选择车内是否配冰箱、车载电视等）；确保车内无异味，无刺鼻性气味；确保车内整洁干净，地板及座椅无污渍；确保座位扶手、安全带、座位调节、车窗帘等配备均可正常使用；重点复查主宾及主陪座位有无异物、有无异响，以确保舒适整洁等；车内如配有垃圾桶，切勿放在过道中间，或可考虑收起不摆放，或可安放在主宾座位看不到的地方，以免影响观感。

四是检查司机情况。提前与车队沟通，在检查车辆的同时，安排司机到场，以便及时观察司机情况，观察司机的仪容仪表；与司机沟通对政务接待的标准和要求的熟悉度，了解其接待经验；考查司机驾驶技术与驾驶安全规范；了解司机对当地路况、考察点的熟悉情况等。另外，还要关注司机是否爱说话，性格是否急躁，是否爱随意发表意见及随意插话，有无主动服务的意识等，以此考核司机能否胜任接待任务。如有以上问题，可考虑更换司机。

五是行程演练。有条件的话，可根据接待活动当天日程，由司机驾车，与政务接待人员及相关工作人员将所有的参观地点、用餐地点、入住酒店、各点上下车位置、车辆停放位置等实地踩线一遍。通过行程演练最终确定行车路线，同时考核司机在实际操作过程中的服务态度及驾驶技术。

小贴士

行程演练后，须明确司机当天的接待服装、车内配备物资及物资准备负责人等细节，提前做好对接工作。

2. 行前复查

行前复查具体包括以下几个方面：

一是提前与司机确定集合时间和地点，确认司机是否提前半小时抵达集合地点，并对车辆进行内外复检。

二是检查司机仪容仪表，检查车内设施及配备物品；复查根据需求配备的车内物品是否备齐并已摆放至指定位置。

三是与司机再次核实当天活动日程安排，再次进行服务要求细节提醒；在嘉宾抵达前 15 分钟开好车内空调，并与司机一同在指定集合地点等候嘉宾上车。

3. 接待过程检查

接待过程检查具体包括以下几个方面：

一是提醒司机停靠在指定停车点，便于主宾等候与迎接；全体嘉宾下车后示意车辆停在指定停车点，明确此地等候时间，提醒司机不能走远，留在车旁等候。

二是嘉宾准备上车时，须提前站在车门右侧引导嘉宾上车，同时在心里默念清点人数（注意不要用手指点人），人员到齐后，接待人员上车；在请示领导确认发车后，提醒司机发车，同时拨打电话通知下一站工作人员做好对接准备。

三是行车过程中，除进行讲解以外，须全程留意嘉宾情况及路况，如遇突发事件、紧急情况，须立刻与主要负责人员进行沟通；尽量避免因在车上往返行走，打搅领导们的会谈；手机调成静音模式，尽量避免接听电话，如需接听重要电话，注意降低音量，减少干扰。

四是参观过程中，时刻关注嘉宾动向，与嘉宾行动保持一致。在嘉宾进行政务洽谈或会议时，可根据接待方的要求选择于车上等候或一起参加。如随行参加活动，注意将手机调成静音模式；如不随行参加活动，则要与随行人员保持联系与沟通（注意使用微信方式，避免因打电话造成不必要的干扰，同时提醒随行人员于会议 / 活动结束前 10 分钟致电通知，以便和司机、车辆提前到上车地点等候。

五是等候过程中，不能离车辆太远，保持手机畅通；嘉宾考察活动结束前，须提前通知司机在嘉宾上车地点等候，夏天须至少提前 15 分钟开启空调，冬天须提前开启暖气。

4. 结束

当天考察活动结束后，提醒司机第二天的集合时间，再次确认第二天的考察地点；提醒司机将车内卫生打扫干净，同时更换所有已经开启过的矿泉水，如有配备其他物品，须一并做好更换。

思考

☆ 接待过程中车辆行驶方向错误该怎么做？

一般情况下如提前进行过行程演练，是不会出现此类问题的。因为行车路线在演练时已经明确，随车司机也是当时演练的司机，对路线本应熟悉。

如果仍出现行驶方向错误，接待人员应立刻暂停讲解，先与嘉宾通报一下本地考察路线复杂，须先与司机沟通下乘车路线后再进行讲解，然后与司机沟通，让司机尽快找到合适的地方掉头重返正确路线。

注意，如果耽误时间不长，则无须解释，继续正常讲解即可；如果耽误时间较长，则需要向嘉宾做好解释工作（委婉道歉表达歉意，同时说明路线错误的原因，争取得到嘉宾的谅解），然后继续正常讲解，用更好的服务来冲淡此事对嘉宾的影响。

准备4 接待用餐安排

一、用餐原则

按照中央及地方政府的相关规定，严格执行相应餐饮标准要求。

①选择体现民族特色、地方风味、节令时尚、餐厅拿手和嘉宾喜爱的菜肴，少上昂贵菜肴，不上禁忌菜。

②不安排在奢华酒楼或高端私人会所用餐。

③菜品中不安排"燕、鲍、翅"和受国家保护的野生动物等。

④一般需提前让餐厅落实餐单，确保无误。

二、用餐形式

用餐形式有宴会、招待会、茶会、工作餐。其中，正式宴会和招待会中的冷餐（即自助餐）是目前接待嘉宾最常用的两种宴请形式。确定用餐形式后，选择相应的菜单，落实对应安排。

三、服务流程

1. 排定座次

提前核实用餐人员名单，进行座次编排，重要活动可做台卡，放置在座位之上。

主桌位置，圆厅居中为上，横排以右为上，纵排以远（距离门的位置）为上，有讲台时临台为上。其他桌的位置以离主桌位置远近而定，近高远低，右高左低。

面门为主：有两位主宾时、一人面门而坐、一人背门而坐。

主宾居右：主宾在主人右侧就座。

好事成双：餐桌最好为双数，以示吉祥。

各桌同向：每张桌的排位大体相似。

2. 落实细节

主要由接待人员负责执行。

首先，用餐前，提醒用餐地点房间空调（风扇）、灯光在用餐前半小时打开；再次确认菜单与原定菜单是否一致；在抵达用餐地点 5 分钟前，通知餐厅服务人员准备服务，提醒餐厅准备起菜。

其次，用餐过程中，随时跟进上菜速度及上菜情况；关注嘉宾的用餐情况及服务需求；与工作人员确定嘉宾不再加菜后，尽快办好结账及开票事宜。

最后，用餐结束时，提前站在嘉宾用餐地点门口等候，同时确认司机和车辆是否已经停在餐厅门口等候；当嘉宾离开座位时，需站在队伍的最前面为嘉宾做好指引服务，并立即致电司机做好准备。

小贴士

与重要嘉宾吃饭时，尤其须注意礼仪礼节。如请客须提前订位（最好是餐厅包房）；按照约定用餐时间至少提前 30 分钟抵达用餐地点，并提前点菜（点菜须提前询问是否有忌口，菜单点好后可给主宾过目，切勿推托，而要对方亲自点菜）；座位安排妥当，不要占主位而坐，如座席有靠边角的座位，一般留给自己，把宽敞舒适的位置留给嘉宾。

思考

☆ **接待用餐时是否跟主宾同桌？有无注意事项？**

原则上政务接待人员是不与主宾同桌用餐的，但如果嘉宾或者主宾强烈要求的话，可以与嘉宾共同用餐。

用餐时留意座次问题，如为圆桌，一般坐在最靠近门口的上菜位置，一来方便工作，二来把主位留给嘉宾（主要领导右侧的位置为第一顺位）。用餐时注意餐桌礼仪，留心照顾嘉宾用餐需求，做到多观察、多干事、少说话。注意做好催菜、协助夹菜和其他服务，切忌只顾自己用餐而忽略本职工作。

准备 5　住宿安排及规范流程

一、原则

按照中央及地方政府的相关规定，严格执行相应住宿标准，入住以当地政府指定接待宾馆为宜。

二、服务流程

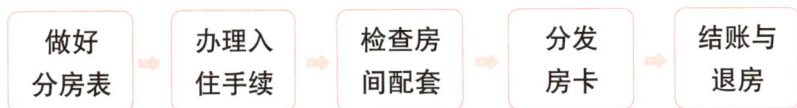

三、服务规范

1. 做好分房表

根据标准安排嘉宾入住相应的房间，提前与相关工作人员协商并填写分房表。分房表应包含日期、姓名、性别、房号、联系方式（可不显示主宾重要信息），同时附上早餐时间、地点、前台电话等内容，以便嘉宾随时查阅。分房情况可参考表2-1。

表 2-1　分房表

（　　　　年　　月　　日）

姓名	性别	房号	联系方式	备注

（续表）

姓名	性别	房号	联系方式	备注

早餐时间及地点：

前台电话请拨：

房间互拨请按：

工作人员及联系方式：

2. 办理入住手续

随行人员协助收齐证件交给接待人员，如有需要，接待人员可随行李车一起提前抵达酒店前台拿房卡、办理证件登记（如接待人员无法离开团队，则安排其他负责的同事协助），同时交代酒店前台清点嘉宾证件，登记扫描时不要弄混弄丢（可用一个小文件袋单独装好证件）。办理入住时，一并通知总台第二天的叫醒时间、早餐时间和退房时间，并在总台留下自己的电话号码，以便酒店有事能及时联系。

小贴士

原则上，一个团队的嘉宾均安排在同一楼层，如实在无法调整出房间，最多安排在上下相邻的两个楼层；主宾房间需选择不靠电梯、角落和临街的安静房间，以便休息；房号尾号尽量不选择 4 或 7 的房间。

3. 检查房间配套

根据分房表，在酒店行李员的协助下提前将嘉宾行李送至房间，如行李无法提前到酒店，则在嘉宾入住时再请行李员协助送行李。提前为嘉宾的房间打开抽风设备或空调，同时进行设施检查，并检查根据嘉宾需求额外配备的房内物品是否已经备齐并摆放在指定位置。检查时可参考表 2-2。

表 2-2 检查内容

检查项目	检查内容	检查结果	备注
房卡	房卡无弯折，打开房门灵活		
空调	制冷、抽风、暖气等功能正常		
噪声	窗户、窗帘关上时，无房间噪声（包括空调噪声），不会影响睡眠		
房间形状	房型方方正正，非边角房间		

（续表）

检查项目	检查内容	检查结果	备注
卫生	地毯无头发、烟灰、漏洞等，马桶干净、无异味、抽水功能正常，毛巾、被子、枕头洁白如新，浴缸无污渍，洁净如新		
住客用品	各类毛巾、漱口杯、茶壶、茶杯、拖鞋等与房型匹配		
行李	整齐地摆放在行李架上		
分房表	放置在办公桌或床头柜上（注明房间电话互拨方式）		

4. 分发房卡

将嘉宾身份证一并放入房卡套内，在房卡套上写上嘉宾姓或名以辨别。当嘉宾抵达酒店时，可派发或将房卡和身份证交给主宾随行工作人员，由工作人员协助派发。同时做好嘉宾电梯、早餐厅位置的指引，并再次告知叫醒时间和早餐时间。

5. 结账与退房

政务接待人员应提前一晚到前台结清所有已产生的费用并开具发票，预留部分现金或预授权当作押金。退房当天应至少提前半小时用完早餐，然后提前在餐厅门口收取房卡和行李，并再次提醒嘉宾带齐所有物品。收好行李和房卡后，联系行李员协助送上车，并到前台办理退房手续。

准备 6 接送服务流程及规范

一、原则

提前做好机场或车站、用车、行李等各方面的衔接协调工作，力求嘉宾集合、乘坐飞机（高铁、火车）、上下车等环节快速顺畅。

二、服务流程

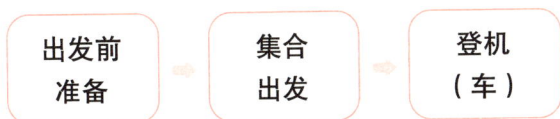

三、服务规范

1. 出发前准备

①预订贵宾室。需提前与主办方沟通，确定是否要走贵宾通道，如嘉宾需要走贵宾通道，则至少提前一天向机场预订贵宾室，记好贵宾室房号，落实接待各环节，包括贵宾室位置、停车场入口、停车点、安检方式、托运方式、费用结算等。

②填写座位表。如果嘉宾乘坐飞机，则至少提前一天上网办理值机，打印登机牌。如果嘉宾乘坐高铁或火车，如需凭票进出，则提前一天根据身份证号码将嘉宾姓名用铅笔登记在票据上，方便分发；如需凭证件进出，则须再次提醒嘉宾带好证件。无论是乘坐飞机还是乘坐高铁或火车，都要提前填写好座位表（表 2-3），将嘉宾的舱位或座位号码等登记在座位表上

备查。

表 2-3　座位表

（　　年　月　日）

姓名	飞机舱位	高铁（火车）座位	手提行李件数	托运行李件数	备注

2. 集合出发

①政务接待人员应至少提前 30 分钟到达约定地点，落实司机和车辆是否到位，检查车内卫生、麦克风等，与司机核实机场或车站定位及行车路线，督促司机做好出发前的准备工作。

②站在车辆附近等候，热情地向嘉宾问好，与随行工作人员一起核实和清点实到人数；交接行李，确定行李件数，做好登记并及时全部装车。

③面带微笑站在车门一侧，请嘉宾依次上车；一边协助需要帮助者，一边清点人数。

④待嘉宾全部上车后，可采用掌心向上，做"请"的手势，再次快速地清点人数，切忌用手指指点点；检查行李架上的物品是否放置妥当，嘉宾安全带是否系好，同时请司机开车。

3. 登机（车）

①抵达机场后，与随行工作人员分头行动，由一人引领嘉宾前往贵宾室休息，另一人到柜台办理行李托运。

②将嘉宾身份证和登机牌交给贵宾室机场工作人员统一办理安检手续，协助机场工作人员将嘉宾随身行李过安检。

③落实嘉宾车辆是否准时到达，提醒嘉宾登机。

④如乘坐高铁（火车），抵达车站后，应引领嘉宾到达指定区域或贵宾区域休息，看管好行李，提醒和引领嘉宾登车。

小贴士

送行时，须站好最后一班岗，做好相应的礼节服务。在嘉宾即将离开时，政务接待人员应身体直立、面带微笑、目视对方，边挥手边说再见，预祝"一路平安"。注意，要等嘉宾走后才能离开，或者等车辆启动、离开自己视线之后再离开。这样不仅显示了送行者的诚意，而且如果有突发事件，也可以第一时间协助解决。

如果嘉宾有接站需求，接待人员还应做好接站服务。具体要求为：

①至少提前一小时抵达机场（车站），办理相关手续，落实车辆停靠和上车地点。

②接到嘉宾后，可先安排嘉宾在贵宾室休息，然后协助机场工作人员前往领取行李，与嘉宾确认行李无误后，指引嘉宾选择最快捷、最通畅、最短步行的途径上车。

小贴士

为确保接站迅速，可提前到站点实地考察，寻找最快、步行时间最短的路线并做好相应通知，以便嘉宾及时知晓出站路线；部分站点逗留时间短，行李较少的，一般建议不托运行李，以减少等候行李的时间；部分机场（高铁站）允许司机在机场出发大厅（进站口）门口上下客，故可引领嘉宾由此上车，同时提前提醒司机出发前往上车点，减少嘉宾步行及等候时间。

准备 7　行程安排原则及要点

一、原则

点与点之间的时间、路程计算精确，行程设计合理、可行。

二、服务流程

行程设计 → 实地考察 → 变动安排

三、服务规范

1. 行程设计

根据嘉宾提供的活动地点和大致行程，为嘉宾设计一条合理的行程线路。参照目的地地图，将同一方向的活动地点安排在同一天或同一半天，为距离酒店较远的活动点预留足够的时间。同时根据嘉宾需求为嘉宾选择合适的酒店、餐厅。

2. 实地考察

有条件的话，可提前到目的地进行考察，按照行程设计顺序将所要前往的地点走一遍，再次审核各考察点、餐厅和酒店是否符合行程设计要求，核实设计的行程路线是否合理，同时计算点与点之间的距离，评估当天考察时间安排是否合理，力求做到精准无误。

3. 变动安排

严格按照计划约定的活动时间执行，控制好出发时间。当嘉宾临时变动行程时，积极配合嘉宾的安排，并做好上报工作，在得到接待方同意后，及时与酒店、车队、票务进行更改确认。

小贴士

政务接待的特点是"计划赶不上变化"，唯一不变的就是一切都在变。做好充分的心理准备，对考察点及当地情况了然于胸后方可做到遇事不慌。如遇到实在解决不了的问题，应及时寻求上级协助，但不要将不耐烦、着急的情绪写在脸上，以免影响到嘉宾。

准备8 做好行程演练

行程演练是对考察行程进行通盘考虑，确定考察所有行程环节后，在正式政务接待活动之前，按照预定的接待行程，从起点开始模拟整个接待过程的一种预演活动。以下是行程演练的要点。

一、全面模拟行程

1. 明确行程安排

严格按照预定的接待行程，包括接待对象的抵达、接站、入住、会议、活动、考察、交流座谈、用餐、送站等各个环节，确保演练涵盖行程所有可能涉及的场景和活动，如行程路线、参观方式、活动参与等，使参与人员都能熟悉整个接待流程。

2. 时间测算

根据接待行程精确每个执行环节所需时间，模拟可能出现的时间变化情况，如交通拥堵导致的延迟，提前安排应对措施，保证行程的顺利进行。

二、注重细节与规范

1. 接待礼仪

政务接待人员应在言行举止、着装打扮、沟通方式、讲解内容等方面进行提前演练，并按照全流程进行模拟，包括模拟讲解及提供参观引导服务等，确保讲解内容准确、规范，服务接待礼仪标准、到位。

2. 环境布置

对接待场所的环境布置进行仔细检查和模拟，包括对会议室、车辆、酒店、餐厅、洗手间的卫生，物资配备，资料准备，座位安排，物品配备等进行查漏补缺，确保符合接待要求和标准。同时对服务细节进行彩排，包括进出电梯、通道引导、上下楼梯等。

3. 各环节衔接

政务接待活动时间紧、任务重，日程安排紧凑，所以前后环节的衔接务必高效有序，做到"考察慢，往返快"，方便快速进出各考察点，最大限度地节约路上的乘车时间。除最佳行车路线要反复确定以外，上下车点、考察点的衔接和配合也至关重要，此点能够体现接待单位及人员是否训练有素、经验丰富。

三、强化沟通与协作

建立有效的内部及外部沟通机制，确保参与接待的各个部门和人员之间信息畅通。在演练过程中，各环节负责人共同参与，加强各环节之间的衔接和协调，及时解决沟通中出现的问题。

四、重视应急演练

在演练过程中，要模拟突发情况，检验应急预案的可行性和有效性。同时提前根据应急预案进行相应接待人员的应急处理培训，提高接待人员在突发情况下的应变能力和问题处理能力，确保接待工作顺利进行。

五、进行小结与改进

实地演练结束后，及时组织参与人员进行小结，对演练过程中出现的问题和不足之处进行梳理和分析。同时根据演练评估结果，制订具体改进措施，通过优化接待流程和提高服务质量，确保在正式接待中做到万无一失。

小贴士

①相关环节核心人员必须到场，如接待人员、驾车司机、后勤保障负责人、安保人员等。

②提前画好考察点的参观路线图，在模拟考察当天进行实地演练，同时计算好各环节的实际操作时间，确定环节衔接要点。

③学会从参观者的视角去审视各环节，找到嘉宾的关注点，查找各环节是否存在缺漏，做到查漏补缺、万无一失。

思考

☆ 为什么行程演练很重要？

通过行程演练，不仅可以让各环节的工作人员明确各自的工作职责，查漏补缺，更重要的是可以让接待人员以参观者的视角，想嘉宾之所想、急嘉宾之所急，思考嘉宾会关心什么、会在意什么、会问什么问题、如何互动等细节，以便有针对性地做好准备，真正做到心中有数，有备而来。

某国企接待业务合作单位，在参观介绍企业品牌墙时被主宾反问为何品牌墙上没有其公司的名称，场面一度尴尬，主客双方都难以下台。如果提前做好行程演练，在做好背景调查的基础上，不难发现品牌墙上无本次参观嘉宾所在公司的名称，这样就可在参观时直接略过品牌墙介绍，避免尴尬局面出现。

准备 9 接待手册制作细则

接待手册作为活动的行动指南，不仅可以帮助嘉宾了解整体活动安排，做到心中有数，还可充分体现接待单位细致周到的服务，给嘉宾留下良好的服务印象。

一、手册内容

手册包括封面、目录、活动简介及意义、活动成员名单、日程安排、乘车安排、食宿安排（如有可能，可提前将房号编制入册）、考察地及拜访点简介、工作人员通讯录、温馨提示（包括酒店地址、电话等）、备忘录等内容。

小贴士

根据活动的规格，酌情考虑是否增加接待手册编号、涉密级别和保密期限。嘉宾联系方式也要酌情考虑是否一并放入。注意重要领导信息要保密，包括联系方式、房间号码等均不应出现在手册上。

二、内容编写细则

1. 封面

内容： 包括手册名称、背景图片、时间等内容。

要求： ①手册名称，根据相应的活动是考察、招商，还是其他活动而定，一般"活动手册"标题通用。

②背景图片，根据主办单位选择有标志性的景点或地方，譬如单位是广州市，可选择五羊石像或广州塔。当涉及外事活动时，则要考虑对方国家的风俗习惯等。

③在册子最下方的中间加上活动日期，一般为年月，可询问主办方是否要确切到出发日。

④字体颜色不可花哨，字号根据册子大小而定。

⑤封面颜色根据单位活动的性质而定，蓝绿色较通用。

2. 目录

内容： 要有相应的标题和页码。

要求： 字体和颜色不可花哨。

3. 活动简介及意义

内容： 包括活动的简介、意义等。

要求： 用词简洁明了，务实求真。

4. 活动成员名单

内容： 将成员姓名、职务、性别、手机号码写清楚。

要求： 填写活动成员职务时，要写单位全称及成员现任的职务；注意排版顺序，职位由高到低排序。

5. 日程安排

内容： 将活动时间、地点、人物、事情写清楚。

要求： 以表格形式编写内容；简洁明了，不使用形容词和描述性语言；在日程当中，考虑是否需要出现酒店和餐厅的名字；注意措辞，不使用游玩、旅游或景点等词语。

6. 乘车安排

内容： 安排好乘车人员。

要求： 如全程只乘坐一辆车，则无须做乘车安排；如需分车坐，须按照人员的级别、接待规格、要求等制作好分车表，同时明确各车上工作人员及联系方式。

7. 食宿安排

内容： 将人员的食宿按照行程日期安排好。

要求： 如能提前明确人员名单、房间号码及餐位摆放情况，可提前将该部分内容放入手册中。

住宿安排采用表格进行标注，留意重要领导嘉宾的房号按照接待要求是否需要保密。用餐如安排中式圆桌，还须附上现场圆桌摆放示意图。

8. 考察地及拜访点简介

内容： ①考察地简介，包括地域概况、经济发展、城市管理，以及与考察地相关的内容（如考察社区网格化服务管理，则要写明考察地网格化管理的概况）等。

②拜访点简介，包括基本概况、相关需求、接待领导名单及最高接待领导个人简介。

要求： 根据行程安排顺序编写考察地和拜访点简介；到考察地考察，有当地政府陪同领导的要列出名单，并按职位高低排列；到拜访点考察，有接待领导的要列出名单，按职位高低排列，并编写最高接待领导个人简介（包括求学经历、工作经历等）。

9. 工作人员通讯录

内容： 注明姓名、职务、性别、手机号码。

要求： 排序的时候要特别注意按职务高低来排，遇到职务等级相同的则按活动主要负责人、次要负责人等相应顺序进行排列；旅行社工作人员应排在最后，同样按照职务高低顺序排列。

10. 温馨提示

内容： 包括相应活动礼仪要求、携带物品、人身财产安全、酒店餐厅情况、机场／高铁／火车等大交通注意事项、机场行李托运问题、往返地天气预报等。

要求： 根据日程安排所涉及的内容而定，注意简洁明了、指引到位。如果活动有特殊要求，将相关内容列入温馨提示，包括是否要着正装、男士是否需要打领带、进入无菌实验室前是否要穿好防护服等。以表格形式编写天气预报，包括日期、往返地温度。

11. 备忘录

空开 2 ～ 3 页纸，作为备忘录的页面。

12. 册子规格

册子规格根据相关活动而定，考虑到方便嘉宾随身携带及经常翻阅，尺寸以 A5（148 毫米 × 210 毫米）为宜。

手册范本（以下内容仅供参考）：

20××年×××赴北京考察社区网格化服务管理、招商工作

活动手册

目录

一、活动简介及意义

　　本次活动为×××赴北京考察网格化服务管理和招商工作，考察当地城市基本情况及社区服务管理情况。通过考察社区网格化服务管理，以便更好地实现×××××。

二、活动成员名单

姓名	职务	性别	手机号码
张三	区长	男	
李四	区委常委、常务副区长	女	
陈五	区府办公室副主任	男	
王六	×××	女	

三、日程安排（部分）

第1天，3月17日（星期一）	
7:00	在机关大院1楼大堂集合，统一乘车到机场
9:00	乘坐南航飞机（航班号××××），前往北京（飞行时长约180分钟）
12:00	抵达北京
14:00	午餐后，前往酒店入住

四、考察地及拜访点简介

1.北京市东城区

东城区位于首都北京的东部。2010年，东城区合并崇文区，成立新东城区。经首都功能核心区区划调整后，新东城区辖区面积扩大到41.84平方公里，管辖17个街道办事处，以及北京站地区管理处和王府井建设管理办公室，205个社区。截至2023年，全区常住人口70.3万人。这里政治、经济、教育、科技资源丰富，重大活动高度密集；区域内有20多个国家部委、100多个厅局级单位，以及一大批国家级科研机构，信息资源丰富，市场繁荣发达，城市现代化程度高，基础设施条件好，土地开发价值高。

总体发展定位：首都文化中心区、世界城市窗口区。

城市管理：首创"万米单元网格城市管理模式"和"城市管理综合执法模式"，初步形成了覆盖全区、各部门各尽其职、协调配合的城市管理格局，先后荣获"中国人居环境范例奖"、全国社会治安综合治理"长安杯"等荣誉，成为华北地区第一个被联合国授予"国际花园城市"称号的城市。城市建设取得显著成效，打造出皇城根遗址公园、北二环城市公园等一批环境建设精品工程，获得"国家卫生区"称号。

公共服务：公共服务先后荣获"全国未成年人思想道德建设工作先进城市"和"全国文明城区"称号。教育优质均衡，水平全国领先，荣获"全国推进义务教育均衡发展工作先进区""首届全国教育改革创新特别奖"等称号；公共卫生和基本医疗服务体系逐步完善，社区卫生服务水平不断提高，被评为"全国中医药特色社区卫生服务示范区"；成为首批"国家中医药发展综合改革试验区"。

东城区网格化管理：该区搭建区、街、社区"三级平台"，区、街、社区、网格"四级管理体系"，在17个街道成立"街道社会服务管理分中心"，205个社区设立"社会管理综合工作站"，每个网格内实名配置网格管理员、网格助理员、网格警员、网格督导员、网格司法员、网格消防员和网格党支部书记等"七种力量"，并将区域化党建、社会保障、计划生育、统战、工会、妇联、残联等工作整合到网格中，同时构建7大类2043项指标的基础信息数据库，将人、地、物、事、情、组织一同纳入网格管理。

2. 壳牌（中国）有限公司

壳牌（中国）有限公司（以下简称"壳牌中国"）是世界500强企业荷兰皇家壳牌石油公司（以下简称"荷兰壳牌"）在中国设立的总部企业，地址位于北京朝阳区。

荷兰壳牌是在中国投资最大的国际能源公司之一，是中国最大的国际润滑油供应商、中国排名第一位的国际沥青供应商，也是向中国提供液化天然气最多的国际能源公司。目前，荷兰壳牌所有的核心业务都已经进入中国，包括上游业务（石油天然气开发和液化天然气）、下游业务（包括油品和化工）、项目与技术部门（包括壳牌全球解决方案部和煤气化业务）。

壳牌中国在广州天河投资设立了广州壳牌石油化工有限公司（以下简称"广州壳牌"）。该司主要负责壳牌在广东地区油站的建设和营运，已被认定为广州市总部企业。壳牌中国计划于20××年与陕西延长石油（集团）有限责任公司（世界500强企业）合作，重组广州壳牌并增资扩股。

企业主要需求

①广州壳牌完成增资审批程序后，将面临各分支机构有关证照的变更问题，希望届时×××协助有关部门加快相关审批程序。

②广州壳牌完成增资审批程序后，希望×××安排时间与×××会面。

壳牌中国方面接待领导

肖×　　　壳牌中国董事总经理

黄××　　广州壳牌董事

李××　　广州壳牌总经理

续 ×× 秘书

肖 × 简介

教育背景：2002 年毕业于南开大学，获工商管理学硕士学位；1989 年毕业于苏州城建环保学院，获工学学士学位。

工作背景和经验：2014 年至今，壳牌中国董事总经理，广州壳牌董事长；

2013—2014 年，壳牌中国零售业务大区董事总经理，广州壳牌董事长；

2008—2012 年，延长壳牌石油有限公司总经理；

2006—2008 年，中石化壳牌石油销售有限公司客户服务中心经理；

2004—2006 年，壳牌中国零售业务运营销售经理；

1999—2004 年，天津壳牌机动车加油服务有限公司总经理。

五、工作人员通讯录

姓名	职务	性别	手机号码
冯七	区府办公室秘书科科长	男	
林八	区府办公室综合科科长	男	
黎九	区经贸局外商投资科科长	女	
赵十	旅行社工作人员	女	

六、温馨提示

1. 考察活动无着装要求；招商活动请男士全程穿正装，女士着相应商务装。

2.出行前务必携带身份证，活动期间请妥善保管好个人证件。

3.活动期间务必注意自身人身财产安全，不去危险的地方，保管好贵重物品。

4.下榻酒店上下电梯需要刷房卡，请注意随身携带。

5.搭乘飞机严禁随身携带及托运管制刀具、易燃易爆物品。

6.手机、相机、电脑、充电宝、磁性物品、锂电池等均不可托运，请随身携带。

7.可随身携带少量旅行化妆品，每种限带一件，容器不得超过100毫升，并置于独立袋内。

8.禁止随身携带液态物品，但可办托运，物品包装须符合民航运输相关规定。

9.请留意天气情况，携带合适衣物，随时添减。下附未来几天的天气预报。

未来几天天气预报

3月18日（星期二）	广州	17℃～23℃	多云
	北京	11℃～23℃	多云
3月19日（星期三）	北京	5℃～12℃	阴
3月20日（星期四）	北京	3℃～14℃	晴
	广州	14℃～23℃	阵雨
3月21日（星期五）	北京	2℃～16℃	晴
	广州	14℃～19℃	阴

七、备忘录

准备10　善于复盘和总结

政务接待的复盘和总结对于提升接待水平、改进工作流程及增强团队协作能力至关重要。在进行复盘和总结时，需要全面梳理接待工作的各个环节，找出优点和不足。以下是需要复盘和总结的具体内容。

一、接待计划与准备

①接待计划制订是否合理、详细和周全，是否已经涵盖本次接待的全部流程，有无遗漏或者不完善的环节。

②各项准备工作是否按照计划有序进行，有无遗漏或延误的情况。

③接待所需的物资，如车辆、礼品、宣传资料等是否准备齐全，质量和数量是否符合要求。

④接待场所的设施设备，如会议室、住宿房间、餐饮设施、洗手间等能否正常使用，是否符合质量标准，是否满足接待的需求。

二、接待实施过程

①行程安排是否合理，是否考虑最优行车路线、实时交通状况、时间安排、沿途所见等因素，各项活动的衔接是否顺畅，有无出现行程过分紧张或空闲、拖延的情况。

②接待人员的服务是否热情、周到、礼貌、专业和规范，是否契合嘉宾的需求。

③接待团队内部的沟通是否顺畅，信息传递是否及时、准确，有无出现沟通不畅导致的工作失误；与主办方的沟通是否及时有效，是否能够明确了解他们的需求和意见并做出相应的调整；出现突发事件时，是否做到及时准确传递信息并形成有效的应对方案。

三、应变及处理

1. 复核应急预案

针对可能出现的突发事件，如天气变化、车辆故障、路线失误、人员突发疾病、设备故障、现场突发干扰等，是否制订了应急预案，应急预案是否已经完善，是否具有可操作性。

2. 处理情况

在接待过程中是否出现了突发事件，是否了解突发事件具体的原因与经过、处理方式和嘉宾反馈；现场处理是否及时、得当，有无后续环节需要跟进和处理。

四、经验教训总结

接待活动结束后，及时召集相关环节工作人员对各自负责的环节进行小结，梳理接待工作中的经验、教训、问题和不足之处等，总结接待工作中的优点和成功经验，整理和分享先进经验，让更多人能够学习和借鉴，同时在日后的工作中继续发扬。

对日程设计、人员安排、后勤保障、宣传方案、应急预案等环节制订相应的改进措施，避免再次出现类似问题。

与主办单位及时沟通，了解对方在接待工作中的感受，虚心听取主办方的意见和建议，以便在今后的接待工作中加以改进和提高。

第 *3* 章

接待人员的规范礼仪

接待人员作为组织形象的"第一窗口",其礼仪规范直接影响嘉宾的体验与对组织的印象。规范得体的礼仪,不仅是个人职业素养的彰显,更是传递尊重、搭建信任桥梁的关键。接下来,让我们深入探讨接待人员应遵循的规范礼仪,解锁塑造专业形象的密码。

礼仪 1　态势语言展现专业

政务接待人员在接待时主要使用的语言交际类型有口头语言和态势语言。美国社会心理学家克特·W.巴克在《社会心理学》一书中将非言语交际划分成三类：动态无声、静态无声和有声的。即便人体处于无声的状态，也能通过不同的方式来表达和交流思想。动态无声和静态无声的非言语交际则更贴近政务接待人员接待时所使用的态势语言的概念，如身体各个部位的无声动作、服饰打扮、人与人之间的距离等。

英国社会心理学家彼得·卡雷特提到的体态秘语包含丰富的信息，同时将体态秘语分成两种：一种是"属性"，诸如高度和重量；一种是"行动"，诸如双臂交叉、面露微笑或使用某些无意之中流露了心迹的单词、短语。这种传达了某人信息的行动体态秘语正是态势语言。

因此，可以将态势语言归纳为：以人的表情、目光、姿态和动作等来表示一定语义、进行信息传递的一种伴随性的无声语言。

好的态势语言体现政务接待人员的专业性，是政务接待与讲解成功的基础。

礼仪 2 正式着装要点

接待人员除因特殊活动需穿活动服装外，均须着正装进行服务接待；上衣领口不可过低，长袖袖长在手腕及虎口之间，不宜过短或者过长，做到整齐合身、大方得体；保持衣裤平整清洁，做到无明显污垢、油渍、异味、皱痕。

男士：夏天着浅色系衬衣搭配黑色西裤，冬天着黑色西装（视活动场合打领带）。

女士：穿西装套裙或正装连衣裙，以深色系为主，着肉色丝袜。

其他：男女均着黑色皮鞋，鞋面定期擦拭，保持干净有光泽；可背单肩包或提手拎包，不允许使用双肩包、腰包及斜跨包；讲解时建议将随身物品放置在安全处，轻装上阵。

小贴士

女士着粗跟 3～5 厘米并配有系带的鞋子，既显得人挺拔，也便于工作。

首饰佩戴要注意以下四点：

①符合身份。以不影响工作、不炫富、不强调性别优势的首饰为宜。

②以少为佳。每种（如耳环、手镯）不多于两件，饰品（含丝巾、胸针等）总数不超过三件。

③同质同色。多首饰应做到同质同色，即便不同质地

也应做到同色系。

④符合习俗。考虑到接待嘉宾的地域、文化、民族等特殊习惯，不佩戴与其文化有冲突的饰品。

礼仪 3 发型大方整洁

男士：头发不应过长或过短，发长在 3 ～ 7 厘米即可，前部的头发不要遮住眉毛，侧部的头发不要盖住耳朵，后部的头发不要长过西装衬衫领子的上部；头发不要过厚，鬓角不要过长；不烫发；接待时注意定型。

女士：不得披头散发，长发须梳成发髻，盘在头上，高度与耳朵齐平；头发不得遮盖眉毛、眼部、耳部或者脸部；盘发时注意做到无碎发、无夸张的头饰；短发须理整齐，注意定型。

无论是男士还是女士，均不宜染与发色相差太大的颜色。

小贴士

眼部、耳部、鼻部及口齿洁净无异物，注意饭后清洁，保持口气清新。接待前至少半天不食用有刺激性气味的食物。

女士指甲不宜过长，如涂指甲油，要以透明、干净纯色系为宜，款式简单、大方。

男士每天刮净胡子，保持脸部干净；指甲以短、干净为宜，尤其注意不要某个手指指甲过长。

做到"四不"：不戴帽子，不穿短裤，不穿拖鞋、凉鞋，不佩戴过多首饰。

礼仪 4　精神饱满，自然舒展

政务接待人员给人的整体状态应是精神饱满，身体自然伸展，眼睛与嘉宾进行交流，整体呈现"腹有诗书气自华"的状态；时刻保持旺盛的精力和高昂的热情，能及时调整个人情绪，保持最佳状态面对嘉宾，做到自然舒展、落落大方。

礼仪 5　目光运用与交流

抬头平视，不能长时间看着某位嘉宾，也不能总看着展板。

目光环顾嘉宾时，注意与嘉宾的眼神交流，眼睛不要游离不定，要有规律地转动。

为领导讲解时要注意与主要领导的目光交流，做到目光专注，时刻留意主要领导的表情变化，不能左顾右盼或者目光茫然。

小贴士

学会交叉使用"三视法"：点视、环视、虚视。

点视法：目光注视某一嘉宾，与之进行视线交流，让对方感受到被尊重，从而在心理上对你讲解的内容产生兴趣。

环视法：视线从左到右或从前到后慢慢移动，扫视嘉宾，这样可以与多位嘉宾的眼神进行广泛的接触和交流。

虚视法：把自己 80% 的注意力集中在讲解内容上，而非嘉宾上。

礼仪6　表情真诚重细节

脸上时刻保持真诚自然、大方亲切，正视对方的微笑。根据讲解的内容调整表情，当与嘉宾有目光接触时要保持微笑。同时，注意把握距离。

小贴士

注意不要流露出高傲、冷漠、厌烦、嘲笑等表情，同时表情不要过分夸张，不要出现狂笑、大笑、冷笑、假笑等情况。

礼仪 7 手势站姿走姿做到位

一、指示手势

指示手势一般分为三种类型，分别是高手位指示手势、中手位指示手势、低手位指示手势。

出手时，掌心向观众，四指并拢，大拇指微收，倾斜 45 度，抬动大臂带动小臂来指向讲解内容；忌用单指，五指不可分得太开；做到简洁、协调。

做到"三到"，即口到、眼到、手到，讲述内容要与眼睛注视和手势指示方向一致。

讲解时，双手自然放在两侧或随着讲解的内容进行适当的方向性指引，避免手部动作过多，干扰听众。

小贴士

①忌兰花指、一指禅、五指张开、来回摆动等动作。

②指示动作要稍有停留，待嘉宾看清后，方可收回。

③指示次数和时间要适当。

二、站姿

做到头正、肩平、臂垂、躯挺、腿并，挺腰收腹提臀。

女士：双手交叉放于小腹处，两脚呈"V"字（45度～60度）或者"丁"字形。

男士：双手自然下垂或交叉放于小腹处，两脚呈"V"字步或者分开与肩同宽。

男女士均不可双手抱胸、叉腰或置于身后，也不能将手插在口袋里或者冬天把手指藏在衣袖里。

小贴士

①重心支撑于脚掌、脚跟，全身保持笔直状态。

②在站姿训练中，如双膝无法并拢，可努力收紧臀肌，通过训练使双腿间的缝隙逐步减小，达到满意效果。

三、走姿

走路要轻盈，不要大摇大摆；后背不能对着嘉宾。一般的走姿有横侧步、后侧步等。

礼仪 8　迎送引领要领

常用"531"迎候礼：5 米开外，微笑挥手示意；3 米开外，微笑点头示意；1 米开外，点头、鞠躬致意、问候。

一、介绍

采用尊者居后的原则，一般采取手心向上、站立介绍的方式。

二、握手

"尊者决定"：政务接待场合由职务高、身份高者先伸手；非公务场合，年长者、女性先伸手。

动作要领：双目注视对方，面带微笑，对方伸手后，我方迅速迎上去，身体稍前倾，伸出右手，手掌与地面平行，四指并拢，拇指张开，力度适中，持续 3～6 秒，初次见面握手一般在 3 秒以内；握手时避免过于用力地摇动。

小贴士

如果嘉宾没有主动提出握手，不可上前同嘉宾握手；握手必须用右手，与异性握手不可用双手；不在握手时长篇大论，或点头哈腰、过分热情；不能"刺剑式"粗鲁地握手，不要"虎钳式"用力地握手，也不要"死鱼式"软弱无力地握手。

三、引领

参观过程中，全程站在队伍的最前方，走在嘉宾左前方 1.5 米处，与嘉宾约 130 度角，并一边用手势指引嘉宾，一边使用敬语关照；侧身带领嘉宾前行，切忌独自在前，臀部朝着嘉宾。

讲解时，距离太近或者太远都不利于交谈听讲，应该保持 1 米左右距离，分寸有度。另外，防止口沫飞溅。

1.引领时顺序

①并排行走时，接待人员走外侧，主宾走内侧。

②道路狭窄只能单人通行时，接待人员在前，主宾在后。

③进出会场时，接待人员先行一步主动替嘉宾开门，待其通过之后交由其余工作人员协助拉开，快步赶上主宾。

④上楼梯时，主宾先上；下楼梯时，接待人员先下。

⑤搭乘电梯时，如无人控制电梯，则接待人员先进电梯，按住开的按钮，再请嘉宾进入电梯；出电梯时，按住开的按钮，请嘉宾先出。如有人控制电梯，接待人员则应后进后出，

以表示对嘉宾的谦让。

⑥乘车时，嘉宾先上车，接待人员后上车；下车时，接待人员先下车，嘉宾后下车。

2.引领时提示

在引领嘉宾时，接待人员除了进行正常的讲解，还要就必要的情况，做好对嘉宾的提醒工作。

①提示下一站前往的地点，如某会议室、某参观场地等。

②根据情况做下一站会晤人员提示，如"一会儿考察时，×××将会在考察点门口陪同您一起参观"。

③根据现场状况做好方向性的指引或安全提示，如"×××，请您往这边走""请大家小心台阶，这边请"等。

④如果嘉宾众多，需要分车乘坐，上车前需做好提示，如"请 ××× 等嘉宾乘坐 × 号车，其余嘉宾乘坐 × 号车，谢谢"。

小贴士

升降电梯越靠内侧是越尊贵的位置。进入电梯后，如有他人，可主动询问去几楼，并帮忙按下；上下楼梯时，一般遵循以右为尊、相隔有度、安全为重的原则。

四、室内参观

室内参观时，接待人员走位一般是固定的，要根据室内的参观内容，设计讲解参观路线和走位，掌握讲解时倒着走的技能，既凸显出想要讲解的展板，也给嘉宾很好的参观体验。

五、讲解工具使用

1.激光笔

切记激光笔不能指向人像的额头，不能用激光笔在人像上画圈，不能用激光笔来回指示图片上的说明文字。

2.讲解器

参观时，要及时调整讲解器的声音，不要使用过大的音量，影响其他观众的参观体验。可通过开场白观察嘉宾的反应，适时将音量调整到合适的大小。

礼仪 9　会场礼仪安排与执行

政务接待活动往往包含会议安排。为做好会议安排，需做好会前沟通、会务准备、现场执行等工作。

一、会前沟通

确定会见（谈）双方主要人员的姓名、职务、礼宾排序、人数、地点、时间、形式、沟通语言、是否交换礼物等。

明确会见（谈）的目的、具体议程及安排，包括有无启动仪式、签约环节、致辞、发言、提问互动等。

确定其他与会议相关的内容。

二、会务准备

确定会议双方已知晓相关会见（谈）的时间及安排。

通知接待方相关部门和人员做好会见（谈）前期准备，包括发言稿、会场资料等。如有需要现场播放视频的，需双方提前观看并确认无误后方可在会场播放。

确定会议记录人员，如需翻译、摄影、新闻报道，要事先通知相关人员届时提前到场。

确定会见（谈）地点，明确会见（谈）地点的迎送点位。

三、现场执行

核实台卡名单准确且无遗漏，布置好会见（谈）场地、座位，准备好会议资料、背景板、PPT、LED 屏（投影幕）等。

提前到会场等候迎接嘉宾，并再次进行会场布置工作检查。

如需主宾合影，可安排在会见（谈）结束后；（如有交换礼物环节）主宾双方先互换礼品再合影，此时以主宾为中心，主宾参会人员按礼宾排序分别站在各自一方；如有单独集体合影环节，需提前在议程中设计好并通知合影的主宾。

记者采访需提前报备，与主办方沟通确认接受采访的嘉宾后，及时通知到位，并将问题一并告知。

会见（谈）结束后，需将嘉宾送至迎送点位，挥手告别并目送嘉宾离去。

四、座次安排

在政务接待活动中，席位安排是一项重要的礼宾工作。要做好这项工作必须熟悉席位安排中的左、中、右的问题，也就是我们常说的"居中为尊""居左为尊"和"居右为尊"的问题。但要明确的是，无论是以左为尊还是以右为尊，指的都是当事人（1号位）的朝向，而不是指观众的朝向。

1. 基本原则

国内政务接待活动（会议、晚会等）按国内惯例"以左为尊"执行，如嘉宾人数为单数，居中为尊，居左为次，居右再次之；如嘉宾人数为双数，双数居中、居右为尊，居左为次，即2号人物始终位于1号人物的左手位。

　　国内涉外政务接待活动（会议、宴会等）则参照国际惯例"以右为尊"执行，如嘉宾人数为单数，居中为尊，居右为次，居左再次之；如嘉宾人数为双数，居中、居右为尊，居左为次，即 2 号人物始终位于 1 号人物的右手位。

　　"以右为尊"活动包括国内签字仪式、晚宴活动或涉港、澳、台地区组团来访。如现场既有党旗又有国旗，以旗面面向观众为准，党旗在国旗的左边，国旗在党旗的右边；如现场或大门前有单位牌匾，则以牌匾面向观众为准，党委居左，行政居右。

　　国内座谈活动如果是主客关系，可采用主左客右的原则。

2. 现场座次

　　①外宾会谈。现场座次可参考图 3-1。

图 3-1　外宾会谈（A 为中方，B 为外方）现场座次

②上下级座谈。现场座次可参考图 3-2。

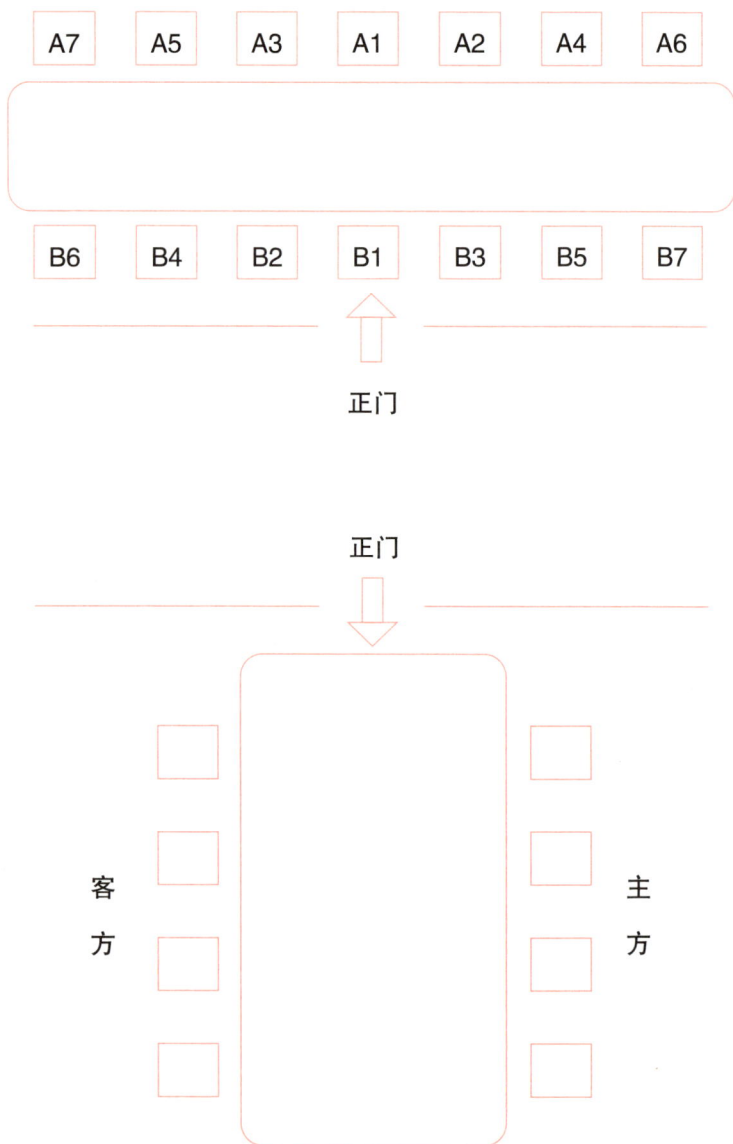

| A7 | A5 | A3 | A1 | A2 | A4 | A6 |

| B6 | B4 | B2 | B1 | B3 | B5 | B7 |

正门

正门

客方   主方

图 3-2 上下级座谈（A 为上级机关，B 为下级机关）现场座次

说明：进门右为上，职务较高一方位于进门时右手一侧；如果级别、规格相当，则主人位于进门时左手一侧，客人位于右手一侧。

③大型会议（课桌式）。现场座次可参考图3-3、图3-4。

图3-3 大型会议现场座次（主席台人数为双数时）

图3-4 大型会议现场座次（主席台人数为单数时）

说明：外事活动中，以右为尊。外事活动国内常见座位安排有两种：一种是主人居中（或居左），然后客方、主方人员交叉排列；另一种是分边设座，按照主左客右进行安排，双方主要领导居中，并按照双方礼宾次序由中间向两边进行排列，如图3-5所示。

主	客	主	客	主	客	主	客	主	客	主	客	主
六	5	四	3	二	1	一	2	三	4	五	6	七

会　场

6	5	4	3	2	1	1	2	3	4	5	6

会　场

图 3-5　外事活动现场座次

④宴请座次。宴请座次可参考图 3-6。

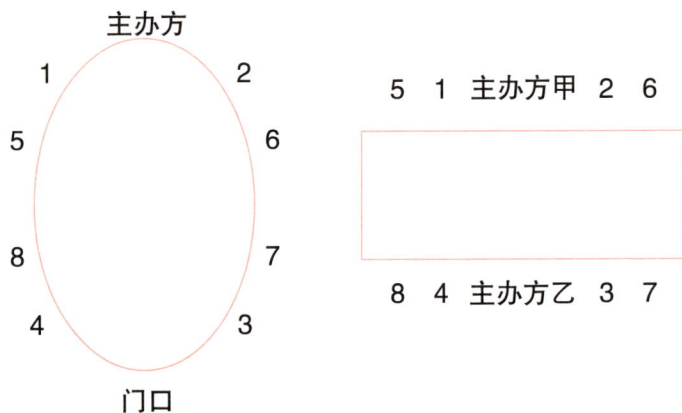

图 3-6　宴请座次

说明：宴请时，基本原则为面门为主、主宾居右、好事成双（餐桌双数）、各桌同向。注意座次也分内事与外事，两者各有不同。

⑤合影座次。合影座次可参考图3-7。

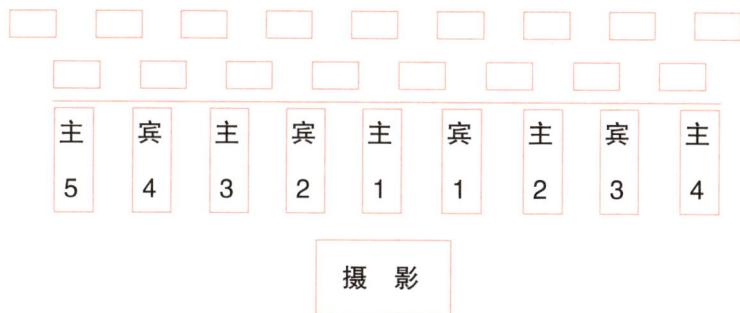

主 5	宾 4	主 3	宾 2	主 1	宾 1	主 2	宾 3	主 4

摄 影

图 3-7 合影座次

说明：居前为上、居中为上、居左为上，注意两端的位置不要留给客方，由主方人员把边。

⑥乘车座次。大巴车和中巴车有所不同，下面分别进行说明。

大巴车

领导：主宾坐在司机后面第一排，主陪可坐主宾身旁或坐在靠车门边的第一排座位。

接待人员：如果是坐着讲解，可坐在司机后面右侧靠车门边的第二排过道位；如果是站立讲解，则站在第一排中间的通道口。注意，高速上不采用站立讲解位，可坐在位置上采用侧身位讲解。下面的中巴车也一样。

中巴车

领导：主宾座位为正对车门的座位，通常座位前会配备桌子等设备；主陪座位在车门左侧与主宾相邻的单人座位。

接待人员：如果是坐着讲解，可坐在司机旁边的副驾位，或副驾后第二排的单人位（车门的右侧靠车头的方向）；如果是站立讲解，则站在车门旁边，台阶下面靠门处。

第 *4* 章

接待服务中的重难点

政务接待服务是展现政府形象、促进沟通交流的重要基石，其质量直接关系到政务接待活动的成效与专业性。然而，在实际工作中，政务接待既要严守纪律规矩，又要满足多元需求，还要保障流程严谨高效，面临诸多挑战。

难点 1　改变惯性思考模式

在政务接待服务过程中，嘉宾的需求和感受是我们判断服务水平最重要的标准，所以我们要时刻提醒自己，改变从自身出发的思维惯性，不断调整思考角度，学会跳出自身局限去面对和解决问题。要改变从自身出发的主观思考模式，可以尝试以下几种方法：

一、拒绝贴标签行为

人类在思考时喜欢贴标签，通过理解"贴标签"社会心理现象产生的原因，能够让人对自己思考问题的路径产生更清醒的认知。

1. 大脑简化处理的需要

人类大脑在处理信息时，倾向于寻找捷径和简化方式，以提高工作效率。而贴标签作为一种简洁快速的分类方式，可以在最短的时间内将复杂多样的事物、人或观念在大脑中归类，帮助人快速理解和把握主要特征，减轻自身认知的负担。

2. 追求认同感和归属感

马斯洛的需求层次理论将人类的需求像金字塔一样从低到高按层次分为五种，最底层的需求为生理需求，逐层提升依次为安全需求、爱与归属需求、尊重需求和自我实现需求。归属感能让个体感受到自己是某个群体或社会的一部分，被他人接纳和重视；而认同感则能让自己找到价值观、信仰等方面一致的"同道之人"，满足了自我确认和自尊的需求。

因此，人们习惯于通过标签来明确自己所属的群体，构建自己的社会身份，找到与自己相似的人，同时通过标签来区分"自己人"和"其他人"，实现群体认同，强化群体内部的凝聚力和认同感。这也是建立组织文化的一种常见方式。

3. 便于信息传播与交流

标签能为信息提供一种新的分类和检索方式，方便人们组织和管理信息，在信息传播中起简化和浓缩作用，有利于信息更有效、快速地传递和传播。同时，"标签化"也是一种制造话题的方法。一些具有争议性或独特性的标签，容易成为人们茶余饭后的谈资，引发话题讨论，从而在人际传播中迅速扩散。

4. 刻板印象带来的影响

人们在长期的社会生活中会对某个事物或群体形成一种概括而固定的看法和评价，这就是刻板印象。这些刻板印象会影响人们对个体或事物的认知和判断，也就是我们常说的"先入为主"，从而导致人们倾向于给他人或事物贴上带有偏见的标签。常见的模式有"地域""特定人群"等标签。

因此，在一开始思考问题的时候，不要轻易"下定义"和"贴标签"，这些都是偷懒的思维模式，对优质服务的建立不仅无益，反而容易制造人为的障碍。

二、避免掉入认知陷阱

1. 时刻审视个人偏见

　　成长经历、家庭环境、社会背景、工作经历的不同，导致个体看待问题和解决问题的路径各有不同。在沟通当中，难免会出现主观的偏见而不自知。因此，在遇到对方与自身观点、看法、行为差异极大的时候，先学会克制情绪，冷静思考，从事情本身带来的冲击转换为思考对方看法、行为背后的原因，从而避免出现偏见造成的沟通障碍。

2. 避免强化个人偏见

　　人们在接收信息时，往往会选择性地留意和记住与自己已有观点或特征相符的信息，而忽略或低估与自己观点相矛盾的信息，这种选择性记忆会在不自觉间强化自身观点和看法。这种情况在心理学中被称为"确认偏差"，它会让我们在做决策时产生盲区，固执己见，缺乏理性。如《吕氏春秋》中疑邻窃斧的故事，自从怀疑邻居儿子偷斧，就觉得对方的一举一动都像偷斧之人；可自从找到斧子之后，又觉得对方怎么看都不像偷斧之人。

　　同时也要避免出现错误归因的情况。如当人们在分析他人行为时，往往会过分强调环境因素的影响，而忽视其个人的因素；而在评价自己行为的时候，往往会高估自己的个人因素，而低估环境因素的影响。具体表现就是，在提到他人成绩的时候，往往将之归结为运气好；而在提到自己的成果时，却主观地认为都是个人努力拼搏的结果。这种归因偏差可能导致对他人的错误评价，进而产生偏见。

所以，我们要有意识地去关注和理解那些与自己观点不同的意见，学会寻找能对相反意见提供支持的证据，而不是大脑瞬间反应做出反驳或忽视。同时在面对重要决策时，先不要盲目肯定自己的观点，可以在假设观点错误的情况下，找出证据支持这一假设。这种方法可以帮助我们打破自我认知的固有框架，避免认知偏差。

三、改变"偷懒"的思维路径

人的大脑为节省能量和资源，倾向于采用简单、快捷的思考方式。当人面临决策时，如果回到自身熟悉的经验和场景当中，就能避免进入未知领域带来的不确定性和焦虑感，所以依赖以往经验是一种认知捷径。因为经验是过去知识和经历的积累，使用它无须重新进行复杂的分析和推理，就能快速得出结论，减少思考成本。这种思维模式很容易让人产生"思考舒适圈"，从而做出下意识的决定，造成"想当然"的结果。要牢记过去的成功经验不一定适用于现在，更不能照搬到未来。

案例

☆ 中巴车换大巴车的"惊喜"

前情回顾：一般政务接待常用车型为中巴车，一来轻便快速，二来契合考察需求。但有时因各地市情况不一，不一定有适合的接待用车。因此，有些承办单位就擅自更换成崭新的 49 座或 52 座大巴车，以为更换更大的车辆更能显示对嘉宾的尊重和重视，但往往事与愿违。

案例分析：对于常规团队来说，原本乘坐中巴车或者较小的车辆，在不增加额外费用的情况下免费换成更新更宽敞的大巴车，无疑是捡了个大便宜。但对于政务考察团队而言，临时更换成大巴车则不然。一来人数不多，换成大巴车有浪费资源的嫌疑；二来很多考察点不是常规团队参观的地点，当地道路状况及停车配套未必适应大巴车的需求，尤其是不少地区还有限高要求，换成大巴车就无法进入考察点，得不偿失。因此，当无法提供主办方要求的配套资源时，应第一时间与主办方进行充分的沟通，寻求切实可行的替代方案，而不是凭借自己的主观意愿进行所谓的"替代安排"，把"惊喜"变成"惊吓"，从而造成主客皆不愉快的情况出现。

难点 2　站在对方角度谈感受

由于成长、教育、工作背景的差异，加上社会角色及分工不同造成的信息差，一味地强调"换位思考"未必真的能让接待人员理解嘉宾的思维模式和思考路径。此时，与其将自己置于对方的位置去揣摩，不如学会站在对方的角度去思考其情绪和感受。

一、尝试进行情境模拟

1. 学会进行角色扮演

在实际的接待工作中，可在脑海中通过角色扮演的方式，将自己代入对方的角色，想象自己处于对方的处境，面临同样问题时的情绪和感受，思考对方可能的想法和行为。这可以帮助我们更好地理解嘉宾的需求和利益，从而减少主观判断。如乘车时空调是太冷还是太热、司机驾驶是否安全和平稳、在讲解的空档期车内是否需要播放轻音乐等，将自己代入嘉宾的角色，去感受和观察周围的环境和变化，从而确定最佳的服务方案。

小贴士

在日常训练中，除了可以通过观看影视作品、经典文学作品代入自我分析，还有一个小方法可以训练，那就是观看社会新闻。真实的社会新闻案例会反映现实生活中人们面临各种复杂情况的决策过程。而通过分析这些案例，我们就可以了解不同的人因立场、利益和角度的不同所做出的截然不同的思考及行为，学会从多个角度看待问题，从而更好地掌握不同社会角色的所思所想，以避免片面和主观判断，实现良性沟通。

案例

☆ 电视剧《安家》中宫医生买房片段

前情回顾：宫医生一家五口居住在 62 平方米的小房子里，空间十分拥挤。随着二胎即将到来，现有的居住空间已经无法满足家庭的生活需求，所以她希望购买一套面积更大的房子，一套通风采光良好、地段配套优质同时配有杂物房的房间居住。反复看过多套房之后终于有一套稍微契合的，却因为没有配套杂物房而被宫医生否定，家人对此极度不理解甚至与其产生激烈争吵，最终大家不欢而散。

案例分析：在这个片段中，宫医生的家人甚至观众一开始其实都不理解宫医生在寸土寸金的上海，为何执着于住房一定要配套一个几平方米的杂物房，既无法住人，也不实用，甚至还要因为无杂物房放弃一套非常适合的住房，简直有些不可理喻。我们只看到了宫医生的无理取闹，却看不到她背后的辛酸、窘迫和无奈。

宫医生作为一名医院妇产科主任，白天除了要上班出诊，晚上还需要批改学生的作业和论文。可是原住房空间狭小，为了不影响家里人休息，她只能挤在厕所的马桶上抱着笔记本电脑工作，还经常被挂在浴室里湿答答的衣服滴下的水珠打断工作思路。对于她来说，心心念念的杂物房并不是真的要用来储存杂物，她希望有一个独立的空间，用来跟丈夫独处和工作。毕竟在一个上有老下有小的大家庭里，中年人不仅要扮演社会角色，还要扮演老人的儿女、孩子的父母、伴侣的另一半等家庭角色。所以在繁重的压力之下，难得的独处时光其实也是喘口气的放松时光。对于宫医生来说，这个杂物房就是她喘口气放松，以及和丈夫增进感情、加强沟通的地方，因此尤为重要。

通过这个案例可以发现，每个人的诉求背后其实都有潜台词，而很多情绪内敛的成年人，往往不擅长直接提出自己的诉求。所以我们在跟对方沟通的时候，不仅要听对方说什么，更要站在对方的角度去思考问题，去代入对方的角色，深度思考对方没有提到的话语背后的潜在需求，用心去感受对方的情绪，并思考对方到底在意什么、关注什么、想要什么。明白了这一点之后，我们才有可能提出真正的解决方案。

2. 考虑多种可能性

在将自己代入所需要模拟的角色之后，认真考虑在那种情境下这个角色可能会产生的各种情绪、想法和行为，同时仔细思考哪一种情绪和行为是最有可能出现的反应，从而选择最适合的方案执行。

3. 增加跨文化交流体验

不同的地域、民族、国家的文化都有着不同的价值观、信仰、风俗习惯和社会规范。跨文化交流可以让我们接触到与自己完全不同的思维方式和行为模式，从而开阔我们的视野。我们可以通过阅读或观看书籍、视频等多种方式提升自己对对方文化的了解，获取更多的信息，从而更好地理解对方的行为和观点，以便更全面地了解问题。这有助于打破我们固有的思维局限，并且通过不断调整自己的思维方式，提高跨文化思考能力。

思考

☆ 内部交流主题会议是否要为主讲女领导摆设鲜花？

首先，职场不分男女，工作场合与生活场合不能混为一谈，不能因为主讲领导为女性而想着在工作时刻特殊对待，这本身也是一种不专业和不尊重的体现；其次，按照八项规定中提到的"一般性工作会议不安排茶歇、不放置鲜花"的原则，既然是内部工作会议，更不应该布置鲜花进行装饰；最后，工作人员不妨代入领导的角色，想象一下自己正在讲台上给内部人员提要求、谈方向、定目标，旁边摆放着几朵小花，自己会是什么样的感受，会不会觉得尴尬和格格不入，想明白了，就能理解为何此时不应该也不适合摆放鲜花了。

二、学会倾听，深入了解需求

1. 认真专注，仔细倾听

在沟通时要给予对方充分表达的机会，不要急于表达自己的看法，不要中途打断，更不要随意插话。认真倾听对方的观点和想法，了解对方所处的场景和相关活动的背景信息，有助于对执行标准和重点做出正确判断。同时通过倾听去尝试理解对方的立场、价值观和行为动机，去理解各人因价值观不同所做出的不同的决策和行为。

小贴士

在倾听过程中，我们可以通过点头、微笑、眼神交流、做笔记等方式向对方表示我们在认真聆听，从而更好地鼓励对方继续表达。切忌左顾右盼，玩手机，更不要表露出不感兴趣、不耐烦的情绪。

2. 留心观察，注重细节

在与对方进行沟通的时候，注意观察细节，读懂对方行为中的"潜台词"。在观察中，仔细观察对方的行为、表情和肢体语言，尤其注意留心对方的微表情变化。

微表情往往能够揭示出人们内心深处的真实情感和想法。如果一个人在会议上交叉双臂、皱着眉头，这可能表示他对讨论的内容感到不满或者有抵触情绪；如果一个人心不在焉、坐立不安、眼神飘忽，没有经常关注台上的发言情况，可判定他对内容不感兴趣，或心中另有所思。通过这些细节，我们可以初步推测对方的内心状态。

小贴士

眼睛是心灵的窗户，在沟通的时候可重点关注对方眼睛附近的微表情。如果看到对方瞳孔放大、眼神发亮，说明他对这个话题很感兴趣；如果看到对方频繁眨眼、眼珠子转动，可能是因为他感觉紧张、不安或者焦虑。

但面部表情的解读同时要结合身体语言一起去分析，而且每个人的微表情表现可能会有差异，需要通过大量的观察和实践来提高解读的准确性，而不是生搬硬套式下结论。

3. 听懂话语背后的潜台词

"现代管理学之父"彼得·德鲁克说过，沟通最重要的是听出言外之意。在沟通当中，认真倾听对方的需求、期望和关注点是第一步。更重要的是，不仅要听懂表面的话语，还要理解背后的潜在需求和情感，读懂话语背后的潜台词。这个需要在生活和工作中反复训练，结合当时的场景，对方的神态、语气、提到的字词内容等进行深度思考，仔细推敲言外之意。

要听懂潜台词和画外音，需要用领导的思维解构语言。首先，要多与对方接触，了解对方的表达习惯，同时保持信息通畅，无信息差，多换位思考。最重要的是要先有体制思维，才会有领导思维。常见的如表扬的话不可全当真，要留心转折词（但是、不过、可能、会不会、或许等）后讲述的内容等。比如，"这件事再考虑"，一方面是真的需要时间权衡，另一方面可能是委婉拒绝等。

除了自己刻意训练换位思考、多加分析比对，还可以使用AI 等工具，将要分析的人的性格、习惯、喜好和处事方式输入；然后请 AI 模拟对方的思考路径，代入某个具体问题进行分析，让 AI 推断接下来应采取的行动、涉及的人群和产生的影响；再根据得出的答案代入自己，让自己站在另一个角度去思考、分析和学习。这也是一种不错的提升方式。

小贴士

声音是有色彩的，除了通过语音语调去判断常见的情绪内容，对方突然提高声调或刻意压低声音也许都是潜在要强调的内容。而在对方平静说话的时候更要认真倾听，不遗漏重点信息和内容。尤其是对方反复强调的内容或者在交谈中突然提到一个跟本次沟通内容无关的事项，这些都是需要关注的。

每个人说的每一句话背后都潜藏着他的某种诉求，所以在重要沟通中尤其是进行向上沟通时，要格外留心，同时要深度思考对方讲这句话的原因是什么、他真正的关注点和需求是什么、执行过程中要注意什么等具体问题。

三、通过提问与确认加深理解

通过提问来获取更多信息，确保准确理解对方的需求。可针对对方所说的内容提具体执行细节的问题，如嘉宾的房间有无特殊需求，是否需要安排无烟房，哪几位嘉宾的房间要相邻，房间是否要配备会议设备等。需求清单列得越仔细，接待服务工作就落实得越到位。

难点 3　增强同理心达到共情

一、学会用正面心态去观察

　　佛印和苏东坡有个经典的小故事。两人一起坐禅，苏东坡问佛印觉得他坐禅时像什么，佛印答："在我眼中，居士乃我佛如来金身。"接着佛印问苏东坡觉得他坐禅时像什么，苏东坡戏谑道："大师乃牛粪一堆。"佛印听后并不动气，只是置之一笑。苏东坡回家后，得意地把这事告诉了妹妹苏小妹，苏小妹听完，说苏东坡输了，因为"一个人心里有佛，他看别的东西都是佛；一个人心里装着牛粪，在他眼中什么东西都是牛粪"。

　　这个故事告诉我们，你是什么样的人，就会看到什么样的世界，"君子所见无不善，小人所见无不恶"也是这个意思。当你凝视深渊的时候，深渊也在凝视着你。所以当我们在与人相处的时候，先不要预设立场，将自己与对方摆在一个对立面，我们的目标不是要争个你死我活，而是希望通过建立良好的沟通，实现友好的互动，达到互惠互利和合作共赢。只有心中充满阳光，才能在照亮自己的同时照亮他人，生活才会更加快乐。

小贴士

　　当你与对方的观点存在差异时，要学会尊重对方的意见和选择。每个人都有自己的价值观和思考方式，没有谁的观点是一定正确的，不要轻易批评或否定别人的观点，而要以开放的心态去理解和接纳。

二、通过肯定进行情感互动

最真诚的慷慨就是欣赏。哈佛大学心理学教授罗森塔尔实验室通过对 18 个班的小学生进行"未来发展趋势测验"，将占总人数 20% 的学生冠以"最有发展前途者"的头衔，并将名单交给校长和任课老师，叮嘱他们一定要保密，否则会影响实验的结果。8 个月以后，当他们再次来到这所小学时，发现凡是上了名单的学生，成绩都有了明显的进步，且性格变得更加活泼开朗和自信。其实当初那份"最有发展前途者"的名单只是随机挑选出来的，但这个谎言对老师产生了心理暗示，即便是在要求保密的情况下，仍不可抑制地由老师的情感和行为传递给了学生，从而使学生各方面得到了异乎寻常的进步。这个实验论证了一个观点，即人们的期望和信念会对他人的行为和表现产生显著影响。当我们对他人抱有积极的期望，对方会接收到这种积极的信号从而不自觉地调整行为和态度，朝着我们所期望的方向发展；反之，如果我们对他人不抱任何期望，有可能会导致对方出现消极的行为。

与外国人相比，中国人的情绪相对内敛，不善表扬他人和自我表扬，在生活及工作当中，赞美话语往往不多。实际上，赞美的话语常常能够拉近人与人之间的关系。因此，在沟通中，我们要学会肯定和赞美对方，善于提供情绪价值。在表达肯定和赞美时，有以下几个小方法：

1. 注意细节描述

在总结性词语后面增加细节，加强表扬及肯定的力度。如"我觉得你是个很有责任心的人"就是一句总结的话，但在实际沟通当中，如果在总结性话语后面增加一段详细地描述对方行为的话，就会显得更有说服力。这也就是我们常说的"不能光说好"，还要说清楚"好在哪里"等。

2. 先赞美再拒绝

生活或工作中难免会遇到拒绝他人的时候，如何能做到既坦率地表达自己的立场又不会让对方觉得难堪下不了台呢？首先，不要着急说"不"，可以在对方的讲述或行为中找到可以拿来进行正面评价和肯定的地方，进行详细复述之后，再将自己的立场和态度摆出来。

小贴士

在日常生活中，可以通过跟同事或朋友玩"是的"小游戏来训练自己肯定对方的能力。简单来说，就是无论对方对你说什么、做出什么样的评价，你的第一句话都是"是的"，然后再给这个评价找个理由进行解释，既让对方的评价显得合乎逻辑和情理，又能让自己不显得尴尬或难堪。"是的"游戏能够充分锻炼一个人的临场反应能力，提升我们的正面肯定能力。

在生活中，我们常喜欢与不扫兴的人交朋友，因为不扫兴的人总是能做到给予正向反馈，减少我们的情绪消耗。当发现对方出现问题时，他们也往往先积极回应，再寻找合适的时机给出建议。这种不扫兴其实也就是肯定对方，尊重对方，帮助对方建立自信，从而增强彼此之间的信任。

三、善用身体语言表达关心

在沟通中，身体语言是没有声音的表达符号。为了跟对方建立信任感，实现情感共鸣，可适当采用身体语言进行交流。

1. 留心身体的姿势

保持身体前倾：在倾听对方说话时，身体略微向前倾，同时将重心放在前脚掌或椅子前端。这样会让对方下意识地觉得你对谈话内容很感兴趣，正积极地投入当中。

保持开放姿态：交谈时注意不要双臂交叉或双手抱胸，这会给人一种防御或冷漠的感觉。可自然地将双手放在桌面或放松地放在腿上，同时注意不要抖腿，以示对对方的尊重。

保持合适距离：根据与对方的亲疏关系及沟通时的场景，保持适合的身体距离。一般太近会让人感到冒昧和唐突，太远则显得过分生疏和冷漠。

小贴士

人际交往中，0.5 米以内是亲密距离，一般除了恋人、挚友、亲人，不会如此接近。在社交场合，熟人交流可以在 0.5 ～ 1 米，不太熟悉的人交流时，1.5 ～ 3 米都是适当的距离。

2. 辅助动作和语言

适时点头：在对方说话时，可适当注视对方的眼睛一两秒，再适时点头。注意点头频率不要过快或过慢，做到自然流畅即可，无须刻意。

适当模仿：在沟通中，可适当模仿对方的身体语言，如对方微笑时你也微笑，对方看向你的时候你也与对方对视一两秒等。这会让对方产生被认同和理解的感觉，从而拉近彼此的距离。

口头反馈：尝试理解对方的情绪，当对方感到高兴时，与他们一起分享喜悦；当对方出现沮丧、焦虑情绪时，给予理解和安慰。通过情感上的共鸣，建立更紧密的联系。如当对方情绪激动时，可以说："我完全理解您现在的心情，如果我是您的话，我也会觉得很难受。"

动作安抚：在对方情绪激动或需要安慰时，可以递一张纸巾或轻拍对方的肩膀、手臂，必要时给予一个短暂的拥抱，用安抚传递出温暖和理解。进行动作安抚时，要注意场合、对象、对方的感受及动作的分寸，避免弄巧成拙，造成双方尴尬。

四、用真诚打动对方

"没有任何道路可以通往真诚，因为真诚本身就是道路。"真诚是指一个人在言行中表现出真实、诚实、诚恳的态度，没有伪装和虚假的表情或行为成分，也是一种做人、做事的方式。一个真诚的人，不管走到哪里，都能赢得他人的信任和尊重。

《北史》中"孟信不卖病牛"的故事，讲的是孟信被罢免官职以后，侄子看他家一日三餐没有着落，便将他家的病牛卖掉换了些粮食。孟信知道后，如实告知了买家实情。后周文帝得知此事，觉得此人诚实守信，便将孟信举为太子少师，后来又升为太子太傅。

正如讲解时要做到有画面感，要"手里有、眼里有、心里有"，如果"手里有、眼里有"但"心里没有"，那就是骗人。同样，人与人之间的相处也是非常微妙的，只有坦诚相待、诚信做人才能取得他人对你的信任。而当你真心实意地为对方着想，急对方之所急，实实在在地希望帮助对方解决问题时，对方是能够感受到你的真诚的，也一定能为你所打动。而这些是一切技巧、套路所不能取代的。

正如王阳明所说："唯天下之至诚，然后能立天下之大本。"做事真诚是成就事业的第一等大事，也是通往成功的"捷径"。只有时刻保持真诚，才能让自己的路越走越远，越走越宽。

难点 4　坦然面对批评和投诉

一、以开放的心态面对

1. 摆正服务者心态

在政务接待工作中，接待人员的角色首先是服务者。服务者以客为先，服务至上是基本的工作准则。服务者要有服务者的自觉、服务者的态度，要学会摆正自己的位置，时刻注意自己的言行，时刻保持高度的服务意识。

2. 避免直接反驳

当出现被嘉宾批评和投诉的情况时，我们很容易瞬间出现防御心理，如立刻反驳或者找借口解释。在政务接待工作中，接待人员要时刻提醒自己在面对这种情况时不要直接反驳，先表示歉意，同时换位思考，将批评或投诉当成帮助自己提升专业、改进工作的好机会。

小贴士

在被批评或指责时，可以尝试用以下几种方式控制情绪、理智面对。一是深呼吸，即通过缓慢而深入地吸入空气，并默数数字的方式让自己先放松下来；二是问问题，想一些令人开心的问题，如晚上吃什么美食、周末要与哪些朋友聚会等，可以想一切能让自己觉得开心的问题并认真加以思考；三是闭嘴巴，即闭上嘴巴不说话，不表态，不反驳，不解释，等对方说完，在听的过程中调整心态；四是跳出来，即给自己正面肯定，不要将对方的反馈当作对自己的指责，可以把这看成对方赠送自己的礼物，这份礼物会让自己变得更好，成长得更快。

3. 学会从自身找原因

当批评或投诉出现的时候，不一定都是接待人员的主观原因造成的。但直面对方的投诉时，我们就是这个投诉问题的处理者，因此，我们不仅要通过对方的反馈厘清其中存在的问题，还要通过这个过程总结自己工作中的不足与漏洞，学会从自己身上找原因，做好总结和修正，以避免类似问题再次发生。

注意在自我反思时要把握好尺度，如果真是自己的问题，要虚心接受批评，痛定思痛，找到改正的方法彻底解决问题；如果并不是自己主观的原因，则可作为团队的重要案例进行复盘与总结，帮助团队提升整体的接待服务水平。"有则改之，无则加勉"，摆正心态，坦然面对即可。

小贴士

三步骤正确道歉法：

第一步，认真倾听对方诉说，保持沉默，避免使用过激的语言；注意保持眼神交流，适当点头，让对方感受到你的倾听。

第二步，发自内心地表达歉意，体现出诚意，同时要对对方的感受表示理解。

第三步，真诚地与对方交流，理解对方，同时了解对方需要解决的问题。适当地提出问题，获取对方的需求信息，用自己的话重复、确认对方所遇到的问题，并适时做好记录。

注意"道歉"不是真的善后，是当下先把嘉宾的情绪稳定下来，然后通过各种措施解决嘉宾"情绪"背后真正在意的问题。

二、深入分析并解决问题

1. 找到问题的原因

从嘉宾的反馈当中筛选出关键信息，找到引起投诉的事件原因及嘉宾的情绪感受。首先，分析事件是客观原因（不可抗力）还是主观原因（人为因素）造成的；然后，分析由此给嘉宾带来了什么样的负面情绪和感受。这其实与中医看病原理一致，先找准"病根"，方能对症下药、药到病除。

客观原因一般包含三种类型，分别是不可抗力、突发事件、相关单位执行不到位等。如果是不可抗力，须明确该事件的确是不可预见、不可避免且不能克服的客观情况。这种情况下按照合同约定双方的权利、义务和责任做好权责利划分即可；如果是突发事件，如车坏了、参观点停电了、有人生病受伤等，则先救人（先管人），将人安顿好了之后再来处理事情；如果是相关单位执行不到位，如货不对板或执行效果与预期有差距等，则应先明确合同中约定的条款，在传递过程中有无信息偏差，明确信息约定传递无误之后再来处理是否存在人为观感之间的主观区别。

主观原因也包含三种常见类型，分别是服务态度不好、业务不熟、沟通障碍。如果是服务态度不好，就要明确造成投诉的"导火索"到底是哪一句话或者哪一个行为，是在什么样的情况下导致"导火索"出现的，这句话或这个行为给对方带来最有冲击性的感受和情绪是什么；如果是业务不熟，则要明确是哪一个环节的业务问题，是流程问题还是专业知识问题，这个问题是该岗位本该了解掌握的内容还是属于知识超纲范畴等；如果是沟通障碍，则要明确是什么原因造成的沟通障碍，是语言不通，还是习惯不同，或是翻译不到位、解读不准确等。

2. 认真沟通，反复确认

在找到问题的原因之后，可用以下方法继续推进：

一是表示理解。经过前面的分析原因找到问题的"症结"所在之后，首先向对方表达你对他的理解。你可以尝试转换角色，换位思考，像前文所说进行"角色扮演"，将自己置于对方所处的环境当中，模拟一下自己如果遇到同样的经历、同样的问题会有怎样的感受。然后，将自己的感受表达出来，让对方感觉到你对他的理解，拉近彼此之间的距离。

二是确认想法。与对方确认及核对你的理解是否正确。可以直接问对方："我这样理解对吗？您是不是还有其他的想法或者感受是我没有考虑到的呢？"通过这种沟通验证，我们可以进一步完善自己的理解，并且避免误解。

三是给出解决方案及回馈。根据反馈内容给出具体的解决方案。如果是不属于自己职责范围内的或无法立刻给出解决方案的，可以先委婉地表达歉意，说明内部处理流程和大致时间；然后与对方约定何时、何地、用何种方式再进行处理结果的反馈；最后要感谢对方对自己工作的支持、理解和配合，表达期待再次为对方做好服务，并送上美好祝福。

小贴士

①在与对方确认的同时，可以尝试复述一遍对方说话内容的关键信息。当我们重复对方的话时，对方会觉得你

是在认真倾听他的诉求，同时也对他的情绪及感受给予正面的肯定和回馈。

②结束语模板参考——

感谢您的建议。您的相关问题和具体信息我已经了解，同时也做好记录了。按照我们内部的流程，这个问题我需要上报给单位，然后进行核查处理，大概需要1~3个工作日，届时我再给您电话回复，可否？再次感谢您为我们提出的宝贵意见，这也是给我们再次查漏补缺、提高服务品质的好机会。期待能有机会再次为您服务，祝您身体健康，工作顺利！

案例

☆ 电视剧《如懿传》中如懿被封为皇后时宫女为何拒绝彩缎？

前情回顾：如懿即将封后，内务府给如懿送来彩缎，说是供封后前裁衣用。宫女容珮立刻拒绝，因为大阿哥新丧不满百日，如懿若是着新衣，难免落人口实。如懿也表示不想太过张扬，让内务府重新送素色缎子来更换。

案例分析：在本案例中，容珮虽是一个小宫女，但是能设身处地地为如懿着想，将自己代入如懿的位置进行"角色扮演"，从而感受如懿的想法，认为此时不宜过分铺张高调，以免被有心之人攻击，说如懿不顾惜大阿哥新丧，陷入"舆论危机"之中，故得出彩缎不适合量体裁衣，应退还内务府的结论。此举一方面让如懿避免陷入"舆论泥潭"成为被攻击的对象，另一方面展示了容珮的心细如尘，这个举动让如懿大为赞赏，一下子拉近了两人之间的距离，也为容珮下一步晋升奠定了坚实基础。

三、做好善后工作

1. 持续沟通与反馈

严肃对待对方的反馈意见，将反馈作为改进服务的重要依据，及时调整服务流程、方法和态度，提高工作效率，改善服务环节，以提高服务质量；同时注意与对方保持良好沟通，让其了解服务进展和可能出现的情况，避免对方因为信息不透明而产生误解或焦虑。在解决方案还没有出来之前，要主动联系对方，不时通报解决进度、预计结束时间等对方关心的内容。

2. 提供个性化服务

根据对方的具体需求、特点及相关反馈，及时调整服务策略和方式，提供个性化的服务方案，保持灵活性和适应性，以确保服务始终符合对方的期望。注意充分考虑对方的个体差异，避免采用一刀切的方式。

同时在沟通过程中，要留意对方提到的服务细节，关注对方的细节需求和偏好。这些细节可能看似微不足道，却是对方在意的要点。

小贴士

投诉中大部分的问题其实都是情绪问题，所以在与对方沟通的时候，首先要保持良好的服务态度，先安抚对方的情绪，深入理解对方投诉背后潜藏的情感需求；其次才是处理事情，根据对方的诉求协调做好善后工作。也就是说，对方的"感觉"是第一位的，其次才是"道理"。等对方情绪平复，感觉得到应有的尊重与理解、得到情感上的慰藉后，问题也就好解决了。

案例

☆ 讲解中的"小投诉"

前情回顾：在讲解中，因采用问答法进行互动被批评，因称呼某领导为"领导"而被投诉。

案例分析：接待中，"前期准备"中的"背景调查"工作非常重要，其中就包括对主宾和主陪的个人喜好及习惯的"背景调查"。讲解中常用的与听众互动的方法为问答法，包括"我问客答""客问我答""自问自答"等。但在采用问答法进行互动时，却出现因提问被投诉的情况，可见常见的问答法在特定人群身上未必合适，最妥善的方法就是提前做好准备，如知道对方不喜欢被提问，在讲解中就应避免。

同理，如果嘉宾不喜欢被称呼为"领导"，可改口为"嘉宾"，或以其职位相称。但前提仍是要做好前期准备工作，明确领导的称谓，才能做到有备无患，有针对性地提供个性化服务。

难点 5　将服务做到尽善尽美、深入人心

一、做好"最后一公里"服务

前文关于"接待的前期准备工作"已涉及吃、住、行、参观考察中的准备工作，而做好"最后一公里"的服务指的是在实际操作中，如何真正将服务做到尽善尽美、深入人心。本部分仅举例说明日常服务中可具体延伸的内容。

1. 用车

配备物品：瓶装矿泉水（品牌、容量）、抽纸（可附加单片装的湿纸巾）、口香糖（罐装／单片装）、当天本地主流媒体报纸、考察点地图、考察点简介、雨伞／雨衣（无明显logo）、纸笔等。

常规内容：车在行进过程中是否需要播放城市或考察点宣传片、车内空调温度是否适宜、背景音乐音量是否适宜、讲解介绍期间有无留出嘉宾休息时间等。

服务细节：车上与车内工作人员沟通，在不紧急的情况下优先使用微信，避免在车内走来走去或者因声音过大干扰嘉宾。车内配备物品品牌及类型，须提前与主办单位沟通确定，根据实际情况及嘉宾的喜好而定。矿泉水一般以小瓶的为宜，但要注意及时更换和补充。即便车辆只负责接送站，车内也应配备足够的矿泉水，提前放在座位上或座位后方的口袋处。接待人员的手机注意调成静音或振动状态，避免车内铃声大作时

造成干扰，如在讲解时遇到手机响，原则上不予接听，以完成讲解工作为先。乘车即将抵达下一站点前，注意至少提前10分钟通知下一站工作人员做好接待准备，包括再次核实下车地点、注意事项，以及参观方式、内容、时间等。

2. 住房

常规内容：房间提前做好通风透气工作，夏天开好制冷，冬天暖气充沛、温度适宜，配套物品提前摆放整齐；房内各项设施检查无误均可正常使用，如空调、电视正常启用，空调无噪声、电视无花屏等。

服务细节：根据嘉宾的习惯及接待要求，酌情考虑房间是否配备额外的茶具、饮用水等物品；房内温馨提示要注明房间电话拨打方式、前台总机电话、酒店用餐时间、地点及用餐方式（凭房卡、报房号或是凭嘉宾证）、第二天活动基本安排、注意事项、天气温度、着装建议、是否需要退房、是否需要自行带行李到前台等细节；房内冰箱及吧台食品是否已经按照接待要求开放等；测试淋浴间的密闭性是否良好，洗澡水是否会外溢至地面，淋浴间的地漏有无堵塞，淋浴间外地板上是否已提前铺好防滑地垫等。

3. 用餐

配备物品：包括餐位上的毛巾及单片装纸巾、公筷及个人筷子、名字台卡、茶杯、饮料杯、酒杯（视情况而定是否配备）、菜单、晚宴介绍等。

常规内容：根据用餐标准和接待规格，综合嘉宾情况提前选择好菜单并与主办单位进行确认；按照菜单顺序依次上菜；上菜时可适当介绍菜肴名字和特色等。

服务细节：针对嘉宾的国籍、宗教及个人喜好等特点选择合适的菜肴。晚宴布置时需要考虑背景、花色和图案，包括现场的鲜花与主宾的国籍、国情、宗教或个人喜好有无冲突，是否会产生异议。如在法国，菊花被视为"死亡之花"，通常在万灵节（11月1日）等祭奠先人的时候才会使用。因此，在有法国人出席的宴席上出现菊花的图案不合适。加强用餐期间服务，包括及时更换骨碟，按照嘉宾需求适当添加饮料或茶水，上菜时注意礼仪礼节等。

小贴士

在接待服务过程中，要根据嘉宾的特点考虑是否准备普通打火机，尤其是高铁／飞机接站时，须提前根据嘉宾人数及情况备好相应数量（适当多加2个）的打火机。打火机须提前进行测试，检查是否能顺利打火、火苗高度是否适中等。同时根据接待场合及人员情况，在会场、餐厅、房间内提前备好相应数量的烟灰缸。

4. 参观考察中

配备物品：备好考察点简介、规划图、设计图、现场指示图；选择适宜的地点摆放矿泉水、干湿纸巾等物品供嘉宾使用；根据考察点情况酌情考虑是否摆放当地特色物品，如非遗、传统文化、特色小吃等进行展示和宣传；如果是室外参观，还须考虑防晒及避雨的问题，备好遮阳帽、雨伞，提前做好应急预案。

服务细节：根据提前规划好的参观路线做好衔接，如上下车地点、换乘其他交通工具地点；参观期间如需换乘交通工具，则须提前安排交通工具到指定地点做好准备，夏天开好冷气，冬天开好暖气，如乘坐时间较长，还须准备好饮用水及其他相关物品；考察范围较大及考察人数众多时，注意在各个转接口安排工作人员或设置指示牌做好指引工作；考察点洗手间指引须准确、清晰，同时须提前打扫好卫生，准备好充足的纸巾及其他相关物品，做好通风除味的工作，做到垃圾桶整洁干净、地上无纸屑及污垢等；原则上每天接待工作结束后，应召集相关工作人员开当天工作小结会，查漏补缺，总结经验，同时通报第二天的行程安排，布置相应工作。

小贴士

在接待过程中，接待人员的手机基本为静音振动模式。尤其是在参观过程中，如果要进行讲解，建议不拿包，个人物品可放在车上，手机可交给随行负责沟通的工作人员，请其协助保管。同时可告知相关工作人员，在参观讲解期间，如有重要事情需要电话沟通的，可致电随行负责沟通的工作人员，由其转告。总之，接待人员应避免在接待期间尤其是在讲解过程中接听电话，以避免给嘉宾留下不专业的印象，造成接待事故。

二、来一点惊喜服务

惊喜服务是一种超出嘉宾常规预期，为嘉宾创造意外愉悦和感动体验的服务方式。惊喜服务的逻辑就是"情理之中，意料之外"。惊喜服务可以通过以下几种方式实现：

1. 深入了解情况

正如前文所说，要在提前做好嘉宾准备工作的同时，做好背景调查。通过背景调查，了解嘉宾的生日、籍贯、求学及工作经历、性格爱好及特点等。根据对方的个人情况提供更贴合其需求的惊喜服务。如知道对方喜欢抽烟，可提前安排吸烟楼层；对方习惯睡硬床板，可提前将房间内的席梦思更换成硬床板；对方喜欢吃清蒸鱼，餐食安排中可增加相应菜品；等等。同时可做好笔记，记录下对方的喜好、习惯等内容，以便日后可以通过翻查记录，了解对方的情况，也便于其他同事进行后续服务工作。

2. 学做有心人

嘉宾的种种特点不一定都能通过背景调查掌握，还需要与嘉宾保持良好的沟通，通过面对面聊天或观察等方式，做个有心人，及时发现和记录下对方的喜好，从而更好地将精细服务自然融入正常的服务流程中，使其成为服务的一部分。如酒店服务员发现嘉宾的充电线较多，容易扯成乱麻，便主动用线圈把线材绕好梳理整齐，并配上说明小纸条，这能让嘉宾瞬间感觉到惊喜。

3. 转换服务角色

在提供服务的时候，要学会时不时跳出服务者的角色，站在对方的角度看问题，这样更容易找准对方的关注点，进而提供精准惊喜服务。

案例

☆ 让人惊喜的"温馨提示"

前情回顾：很多酒店都会为住客提供"温馨提示"，但如何能在众多"温馨提示"中脱颖而出呢？

案例分析：以下是让我觉得相当惊喜的"温馨提示"，具体如图，原因有三。

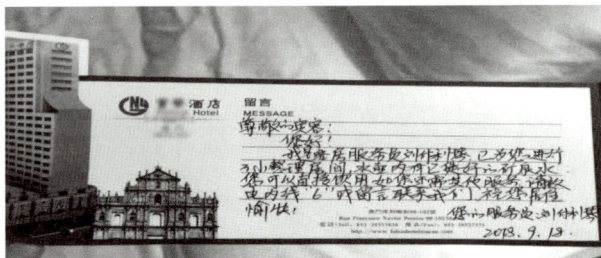

一是"温馨提示"印刷版多见，手写版少见，且手写字迹清秀优美则更为加分。

二是寥寥数语写了住客最关心的几个问题。其一，指明水壶内的水是煲好的，不是上一任住客剩下没倒掉的，消除了新住客的后顾之忧；其二，水壶内煮的是矿泉水，不是自来水，避免了部分住客不喜欢喝自来水的问题；其三，香港、澳门等地内地电话拨打都会产生漫游费，教住客如何拨打房间电话，同时还注明了电话号码，既帮住客节省了费用，又帮住客节省了查找前台电话号码的时间，一举两得。

三是内容精练却又透露着浓浓的人文关怀，既没有例行公事、敷衍了事，又处处体现出以住客为先的"以人为本"精神，让住客对这位素未谋面的服务员顿生好感，也对这家酒店留下深刻而又难忘的印象。

这样的"温馨提示"之所以让人如此难忘，就是因为服务者从自身角色跳出来，站在住客的角度去思考其关心在意的点。而要跳脱自身的惯性思维实属不易，离不开酒店内部的系统培训及员工自身的学习力和观察力。在工作中善于做个有心人，想住客之所想、急住客之所急，帮住客想得更深入一点，往往就是脱颖而出的制胜关键。

4. 把握时机节点

根据服务场景和嘉宾的状态，选择合适的时机提供惊喜服务。如在对嘉宾做背景调查的时候知道对方的生日，可根据活动安排的情况，适当考虑给对方一个生日庆祝惊喜。注意，如果是重要级别领导，须征得主办方同意后方可进行，切忌大操大办，有个小型仪式如来一碗长寿面或一个小生日蛋糕即可。

又如，考察过程需长途跋涉，途中用餐不便时，可提前准备一些干粮或者零食以备不时之需；考察期间赶上传统节庆，可适当增加观赏或参与节庆活动的时间，让嘉宾感受节日气氛；等等。

总之，一切要以自然为主、水到渠成为准，不要过分刻意而为之，要让嘉宾在整个服务过程中感受高质量、一致性的服务水平，体会到接待团队的专业、负责和用心。这样惊喜服务才会显得更加真诚。

三、注意服务更新与时俱进

一份工作日复一日容易形成惯性思维，而服务工作一旦成为标准规范流程难免会变成套路模板。但面对嘉宾日新月异的需求，一味地沿用过去的工作模式和标准模板难免会变成"走过场"，不仅会使服务缺乏个性化，难以满足嘉宾的独特需求，而且难以与嘉宾建立起情感连接，严重的还会导致服务生硬机械，难以应对突发情况，不利于创新。

服务的更新与创新很难，但是越是人少走的路往往是越好走的路。政务接待原本就是一次力图让嘉宾的情感体验拉满的活动，如何结合每一次的接待要求、特点及嘉宾情况，进行量身定制的设计，不仅是每个政务接待人员要思考的问题，更是主办单位作为城市管理者要不断思考的问题。

第 5 章

沟通与交流中的要点

在日常工作中，沟通与交流是贯穿整个政务接待的重要环节和内容。细节决定成败，做好沟通与交流会让整体接待工作更加行云流水。

要点1 用好微信社交"名片"

微信是一个半开放的社交平台，个人在朋友圈的一举一动从另一个侧面而言，不失为其工作能力、人品和生活工作状态的重要参考。因此，不要忽视微信在社交场合的重要作用。

一、微信头像是你留给别人的第一印象

通常来说，你想在朋友圈树立什么样的"人设"，就会选择什么样的微信头像，头像背后暗含某种你想表达的内容。明白这一点后，也就自然明白微信头像的重要性和作用了。

微信头像在一定程度上可以反映一个人的性格、喜好、特点，以下是一些常见的判断方法。

1. 以人物为头像

以人物为头像的包括本人照片、与家人或朋友合影、本人照片制作的卡通头像等。

以本人照片为头像的人通常比较自信，对自己的外貌或形象有一定的认同感；以家人或朋友合影为头像的比较重视家庭、友情，将家庭或朋友放在生活中的重要位置；而以本人照片制作的卡通头像为头像，则代表其对自己有一定的认同感，同时是个不满足于传统且富有童真的人。

2. 以动物为头像

以动物为头像的分为常见宠物型和不常见非宠物型两种。常见宠物型以猫、狗居多，不常见非宠物型如老虎、狮子、马

等。以动物为头像，某种程度上代表着本人具有该动物身上的某些性格特质，如猫的独立、优雅，狗的热情、忠诚，老虎的勇敢等。

3. 以风景为头像

以风景为头像的分为高山大海型、田园风光型等。如以高山大海为头像，代表向往自由和广阔的空间；以田园风光为头像，则代表追求宁静、恬淡的生活。

4. 以动漫卡通为头像

以动漫卡通为头像，要具体观察是以哪一种类型或者哪一个动漫角色为头像，不同的类型或动漫角色的性格特点某种程度上也折射了其内心世界。

二、选择微信头像注意事项

选择微信头像的时候，除考虑个人喜好之外，还要注意以下几点：

1. 不选择过分暴露的照片

正如在正式社交场合需着正装一样，微信头像的选择虽是个人自由，但照片背后往往暗含个人性格爱好的潜台词。当选择过分暴露的照片时，容易让不明就里的人产生误会，从而对你产生不够稳重的印象。

2. 不选择有特定暗示符号的照片

近几年有明星因穿着或佩戴有特殊含义的衣服首饰而上热搜，造成巨大的负面舆情。微信不纯粹是个人的"一亩三分地"，也是一个重要的社交平台，因此，在选择头像时尽量不选择有歧义或有特定暗示符号的照片。同理，图片里的人物也不应出现容易让人产生歧义的动作或手势。

3. 不选择恐怖血腥的照片

微信既展示了个人的另一面，也是常用的沟通交流工具。头像照片恐怖血腥容易给人带来不适感，让人在沟通时产生心理障碍，故应避免此类照片。

三、分组朋友圈筛内容

1. 通过分组管理朋友圈

可将微信好友通过分组进行管理，做到亲疏有别、公私分明。毕竟微信好友中不少是同事、领导和职场中的朋友，保持一定的社交距离，适当地调整朋友圈可视内容，对树立职场的专业形象有百利而无一害。

2. 避免炫耀式发朋友圈

儒家文化强调"仁、义、礼、智、信"，而谦虚是"礼"的重要表现形式之一，也被视为君子的品德，体现了一个人的修养和风度。职场中人们对谦虚低调的人往往评价较高。近年来，因在朋友圈或网上炫耀吹嘘而造成负面影响的事件屡见不鲜，因此，学会克制、低调尤其重要。

一个人如果经常在朋友圈中自吹自擂，不仅会让人觉得浮夸，更会被贴上浅薄、见识短浅的标签。同时过分炫耀自己的成绩也容易遭人忌恨，"木秀于林，风必摧之"，为自己带来不必要的麻烦。

3. 避免发负面信息

"人生不如意事十之八九"，工作生活中的挫折、苦闷很常见，难免会有想在朋友圈中吐槽、抱怨的情况。但需注意，朋友圈毕竟不是个人专属领地，应尽量避免出现公开吐槽或抱怨的行为，以免落人口实、引人诟病。

四、线上沟通注意事项

通过包括微信在内的平台进行线上沟通时，应注意社交场合应有的礼貌及尊重，让双方在轻松愉快的状态下进行互动交流。

1. 正文前带上称谓

线上沟通与线下沟通一样，都需要注意一定的礼仪礼节。为表示对对方的尊重，正文前加上对方的称谓必不可少。常用称谓是"姓氏＋职位"，用"您"来进行指代，同时标点符号不可缺少。忌突然开场，没头没尾地结束。

2. 敏感禁忌词／文章别乱发

与同事、领导沟通工作时，要注意措辞，回复明确但不要过分简单，可回复"收到""明白＋微信拱手手势表情"；同时避免出现带有辱骂性或歧义的敏感禁忌词，如"呵呵"等；如果公众号软文有敏感信息或信息来源存疑的内容，也不要随意转发到自己的朋友圈。

3. 用文字，不要用语音

沟通时很多人图方便，习惯性地发语音，却未考虑过对方的感受。当接收到语音信息时，对方如何在公开场合不打搅他人的情况下听信息呢？大多数情况下只能选择使用语音转文字的方式。可如果发语音的人发音不标准，口头禅又多时，则会徒增对方的工作量，所以能用文字就不要用语音。发文字时还可以重新斟酌要讲的内容，做到言简意赅、简单明了。

小贴士

发文字的时候注意检查有无错别字，确认无误后再发送。发送之后可重新查看一遍，如有错漏，两分钟内可及时撤回。如确实需要使用语音，则要向对方提前说明情况后再发，并尽量简洁。如需拨打语音电话，也需要提前征得对方同意后再拨打。对方如果没有及时接听，可在微信留言说明来意，表明可待对方有空的时候再择机回复。

4. 未及时回复要致歉

微信等线上平台最大的特点是跨越了时间和空间，拉近了人与人之间的距离，实现了即时沟通。但沟通的双方未必同时在线，因此，难免出现对方提问未能及时回复的情况。当发现之后，应及时回复对方并说明原因，让对方理解你的实际状况，以免造成不必要的误会和麻烦。

5. 选好沟通的时间

与线下沟通一样，线上沟通也需要考虑沟通的时间，太早或太晚都不合适。应尽量选择在上班时间内进行沟通，错开下班时间或节假日，也不要选择在快下班或者午休时进行沟通，以确保沟通效率最大化。特殊原因确需在下班时间或节假日沟通的，注意道歉，并说明具体原因。

6. 不可随便推好友

工作中如出现需要他人参与协助时，不要简单将对方微信名片转发推送就结束，而应该先跟需要沟通的双方都打好招呼，做好前情铺垫，征得同意之后再进行微信好友推送。切忌没头没脑直接推名片，这样不仅显得不尊重人，而且容易给双方的沟通带来障碍。

7. 工作群注意事项

工作群里以工作内容为主，不可"公私不分"，将工作群当成"家庭群"乱发信息，更不可随意吐槽发泄。在沟通工作内容时，除特定内容需要明确指定对象以外，不要随意"艾特"他人。如不是所有人都需要完成的工作，无须采用"群待办"发布。

8. 管理表情包和表情

微信表情是一种表达情感与态度的特殊符号，不便直接用文字表示的内容可以用表情代替，因此，可适当将微信表情穿插在文字内容当中，以强化想表达的感情色彩，让对方更快地接收相关情绪和信息。但要注意某些"似笑非笑"的微信表情或有歧义的"表情包"，以免造成误解。

要点 2　做透功课再沟通

陌生人之间的初次交流是建立良好第一印象的关键。心理学上所说的晕轮效应，其原理能充分体现第一印象的重要性。简单来说，就是人们在对他人或事物进行认知评价时，会因对其某一特征形成或好或坏的印象，从而影响后续对其的认知与评价。这某一特征就像日晕或月晕一样，从一个中心点逐渐向外扩散成越来越大的圆圈，而不自觉地泛化到其他方面的评价之中。晕轮效应在心理学中是一种典型的认知偏差，即以偏概全、以点带面。

第一印象一旦在我们脑海中形成，我们就会在此基础上构建对这个人的整体印象，并且习惯性地寻找能支持我们第一印象的所有信息来证明自己的观点，从而忽略掉与之不符的信息。在生活当中，此类案例比比皆是。如品牌邀请知名明星代言产品，利用粉丝对明星的喜爱，使消费者产生"该产品品质优良、值得购买"的认知，从而可能忽略对产品本身质量和性能的客观评估。又如，比赛时选手一上台亮相，评委为选手打的印象分往往就会成为这个选手接下来比赛的起评分。第一印象好，起评分就高；反之，起评分则低。再如，企业招聘时，会不自觉地认为名校毕业生的综合能力更强。

在实际工作当中，我们除了要提高自我意识，提醒自己保持客观理性的态度，不要堕入"晕轮效应"的陷阱，也要避免因自己不经意的行为而给他人留下不好的印象，从而增加工作推进的难度。

在工作中，无论是线上还是线下，第一次接触都要先做好准备工作再进行。

开始沟通前，先找对接人充分了解事情的来龙去脉，包括事情经过、目的、关键人、需求、推荐人、相关费用等。如果是拜托别人推荐，还要了解推荐人与被推荐人之间的关系；如果是协助进行二次沟通跟进工作的，则须明确前期沟通中的所有信息；如果涉及费用的，还须提前了解市场价、对方的报价及我方的心理价位等。

总之，沟通前不要着急马上对接，把前因后果弄清楚、搞明白后再进行，这样才能既给对方留下良好印象，又能顺利推动事情发展。

一、梳理沟通的重点

明确本次沟通的重点和目标，确定要达成的效果、结果，以及何时何地以何种方式实现等细节。梳理清楚之后，再与对方沟通，将诉求通过合理的方式阐述明白。

小贴士

线上沟通模板：问候语＋自我介绍＋说明来意／事由＋客气提出诉求＋感谢。

××（姓氏＋职位）：

　　您好，我是××（单位）的××（可附带职务）。是××（推荐人尊称）让我来找您的。是这样的，近期由××单位主办的全国性会议将于×月中下旬在××召开，本次大会主题是×××，面向全国各兄弟单位及各大高校。我们了解到您在××领域有着深厚的造诣，不知道可否有幸邀请您就"××××"主题现场为我们做一个30分钟的专题讲座。恭候您拨冗出席，感谢支持！

二、摆正位置

　　日常工作中，即便是上级向下级发号施令，也需注意方式方法，更何况大多数的沟通都是平行沟通甚至上行沟通。因此，在沟通的时候要注意摆正自己的位置，注意说话的尺度和分寸，知道什么能说、什么不能说。

　　尤其是在进行上行沟通或是有求于人时，更要注意将姿态放低，明白自己的处境，不要勉强和为难对方，保持专业度，不得擅自索取特殊关照，以免造成双方难堪、不好下台。

案例

☆ 完全"踩雷"的线上沟通

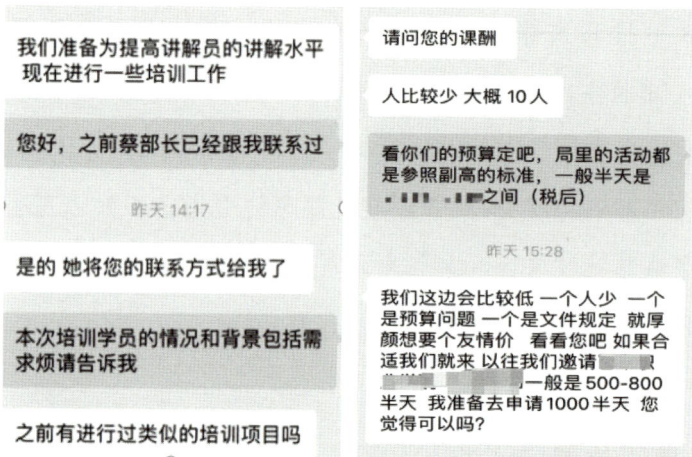

我们准备为提高讲解员的讲解水平 现在进行一些培训工作

您好，之前蔡部长已经跟我联系过

昨天 14:17

是的 她将您的联系方式给了我

本次培训学员的情况和背景包括需求烦请告诉我

之前有进行过类似的培训项目吗

请问您的课酬

人比较少 大概 10 人

看你们的预算定吧，局里的活动都是参照副高的标准，一般半天是 ▪ ▪▪▪ ▪▪▪ 之间（税后）

昨天 15:28

我们这边会比较低 一个人少 一个是预算问题 一个是文件规定 就厚颜想要个友情价 看看您吧 如果合适我们就来 以往我们邀请 ▪▪▪▪ ▪▪ 一般是 500-800 半天 我准备去申请 1000 半天 您觉得可以吗？

前情回顾：丙受领导乙委托，负责与拟邀约授课的甲老师沟通细节，但短短的几分钟就将此事完全搞黄。

案例分析：丙在本次沟通中犯了几大错误，主要包括下面四个方面。

①陌生沟通未表明身份。第一次线上沟通应首先尊称对方，同时对自己做完整的介绍，表明来意。丙一上来既没有称呼又没有介绍，直奔主题谈需求，这是第一错。

②没做好功课就沟通。丙对拟邀约的老师情况背景不熟悉，也未同推荐人沟通了解，以致在对对方专业不清楚又不了解课酬标准的情况下，直接问对方是否进行过类似的培训和课酬价位，给人留下既不礼貌又不专业的印象。

③分类不当错类比。因事前准备沟通不足，不了解老师的背景和基本情况，因此，丙在谈课酬时将老师与其他普通授课老师进行类比，完全忽略老师自身在业内的成就和地位，让对方觉得被轻视，没有得到应有的尊重。

④高估自己要人情。陌生人之间的沟通本就存在信任危机，更谈不上有任何的情感基础。在互不熟悉的情况下不要做出勉强对方的邀约，更不要擅自要求对方"卖人情"。双方都不认识，何来"卖面子"一说？真要"卖面子"，也应该是与推荐人沟通，由推荐人协助洽谈而不是自己冒昧要求。人情交往中切忌高估自己的分量，尤其是在专家和行业大佬面前，如此高姿态是无法推动工作的。

要点 3　时刻约束自己的行为

一、学会"不听、不看、不说"

孔子所说的"非礼勿听、非礼勿视、非礼勿言"非常适用于政务接待场合，简单而言，就是在现代社会中要学会坚守道德底线，注意个人素养和行为。在政务接待期间，政务接待人员要学会"不听、不看、不说"。

正如前文所说，政务接待人员肩负着"保密员"的职能，所以要学会避嫌，即便知道了重要的信息，也要遵守保密纪律，不向外透露信息；不要一看到领导与其他人交谈，耳朵就竖起来想要打探情况。

思考

☆ 接待中遇到领导要处理公务怎么办？

政务接待人员在接待过程中要做到眼观六路、耳听八方，除了按照既定的行程进行参观讲解，还要随时留意突发事件。领导临时需要处理公务是很正常的情况，因此一旦发现此类事件，可按照以下步骤处理：

首先，停止讲解，再根据现场情况决定是原地驻足还是继续往前走。在领导处理公务的时候注意侧目，用眼角余光观察现场情况，不要紧盯现场。同时可斜跨一步与之保持一定距离，为领导留出处理公务的空间。

在领导处理公务的同时，注意观察周边环境。如发现气氛紧张，则往侧面再跨一到两步，给领导留出更大的空间；适当忽略领导处理公务中的措辞，不要竖起耳朵听，更不要插话打断或评论；可适当留意一下周边嘉宾的情况，如有需要协助的可适当提供帮助。

发现领导处理完公务后，立刻恢复接待的工作状态，按照原定路线和内容继续参观讲解。

总之，政务接待人员要学会适当扮演"NPC"（非玩家角色），在特殊情况下弱化自己的存在感，以圆满完成工作任务目标为己任，途中的小"插曲"要学会"不听、不看、不说"。

二、注意聊天分寸

中国有句古话：交往切忌"交浅言深"。彼此之间不够熟悉，情感基础也不够牢固，这个时候谈深入的话题不仅显得冒失唐突，还可能会让彼此之间变得尴尬。向别人诉说自己的心事，从来就不是获取别人共鸣的正确方式。人类的悲喜并不相通，未经他人事，其实是无法真正获得情感共鸣的。贸然揭露自己的伤疤或者心事，不仅不会为你博得同情，反而可能会成为别人茶余饭后的谈资。

在职场中尤其是在政务接待中，除了常规的讲解，还偶有拉家常聊天的时候。此种场合，面对的即便是非常熟悉的人，也不适合谈论过分私密的话题，如收入、婚姻状况、个人痛苦经历、疾病或其他困苦状况等，更何况是首次接待的嘉宾。

人际交往中要真心、真诚，但不代表要毫无保留，尤其是大家并没有熟络到如此"坦诚相告"的地步，贸然吐露心声未必能换来对方的认同。管住自己的分享欲，给自己及对方留下一些想象的空间，是职场人彼此遵守的"心照不宣"。

小贴士

职场中可分享的常见内容类型包括以下几种：

①不痛不痒型。简单来说，就是个人简介表上常规对外公开的信息，如家庭地址、家庭成员情况、籍贯、求学经历等，在沟通中如果对方问起，不妨坦诚回复。

②生活娱乐型。个人兴趣、爱好或者特长等，如果有合适的场合，不妨大方展示。或者最新的影视剧作品、短视频的故事情节、观后感、体会等，只要不涉及负面信息、不健康或有争议的生活娱乐内容，在交流中都可用于互动。

③正面肯定型。正能量的人能带来积极的情绪价值，营造良好的社交氛围，所以社交场合中大家都喜欢靠近正能量的人，远离负能量的人。同样，职场中对工作、生活拥有正面和乐观心态的人往往更受欢迎。在政务接待中，虽不建议接待人员随意点评，但如果是从自己的角度出发，发自内心认可和肯定城市发展成果成绩，此类评价和感受

也非常适合分享。这不仅不会让领导觉得唐突，还会让领导从你的热爱中感受到城市的魅力，增强对城市的认可及肯定。

三、克制显露优越感

作家亦舒在长篇小说《圆舞》中写道："真正有气质的淑女，从不炫耀她所拥有的一切，她不会告诉人她读过什么书，去过什么地方，有多少件衣服，买过什么珠宝，因为她没有自卑感。"而作为拥有七情六欲的普通人，其实都有世俗的一面，都有克制不住想要分享和表达的欲望。通常能被选中担任政务接待的人员，往往都是在工作或生活中综合能力较强、各方面较为优秀的人才，加上又常被委以重任，在关键岗位上和活动中展露才能，时间久了难免会有些飘飘然。此时更要提醒自己学会克制潜藏的优越感，不仅不要在同事面前显露，更不要在政务接待活动中流露出来，以免弄巧成拙，造成负面影响。

内心真正富足的人，是不屑于向他人炫耀自己所拥有的东西的，他们只会默默地做好自己的事情，充盈自己的内心。要知道，山外有山，人外有人，我们在工作中积累的经验、增长的见识或获得的成绩其实根本不值得显摆。当我们肆意展露自己所谓"漂亮羽毛"的时候，殊不知站在顶峰的人其实根本听不见、看不见，更不会在意。

《尚书》中写道:"满招损,谦受益。"真正有学识的人无须刻意炫耀自己的学识,你的一言一行都是你学识和教养最好的体现。学会时刻保持空杯心态,对自己保有清醒的认知,保有"谨言慎行"的虚心姿态,不炫耀自己的成绩、不夸耀自己的经历才是正确的职场法则。《礼记·学记》中有句话说:"知不足,然后能自反也;知困,然后能自强也。"的确,只有知道自己的不足,才能有不断学习进步的空间,才能在日复一日年复一年中不断精进成长,超越自己,从而成为更好的自己。

小贴士

细节决定成败,一个很小的细节都可能导致政务接待的失败。在接待交流中不要随意发言表态,不要主动透露自己过往的工作经历、教育背景、成绩成果等。在阐述情况时不要在内容前强加"定语",如"我当年在××大学读研究生的时候……",可以直接换成"我读书的时候……",这样会显得更亲近、自然。总之,在谈及自身情况的时候,要注意把握尺度和分寸。

四、注意言行举止

政务接待中除常规的礼仪礼节之外,要格外注意自己的一言一行,以免因小失大,造成不良影响。

1. 未经允许不得触碰

未经领导允许，不私自翻阅领导资料及相关的会议材料；可主动申请帮领导拿衣物或包包等个人物品，如果对方拒绝则不要勉强；不随意、私自触碰领导的个人物品，包括手机、电脑等。

2. 不做不合时宜的举动

不要主动邀请领导合影，不要主动向领导要电话、加微信；不在领导表态前随意发言；不随意炫耀自己的工作经历；如果领导没有伸手，则不主动伸手握手，不要有过分亲昵的身体动作（如勾肩搭背等）；公众场合不要主动帮领导撑伞（可递伞）；等等。

3. 交谈中注意措辞

习惯使用敬语（您），开口前先加上称呼（姓氏＋职位），不讲粗言秽语，减少或避免口头禅（啊、这个、那个等），不擅自提要求，不勉强、为难领导，注意长幼有序，注意工作角色的不同，做到谨言慎行。

4. 注意日常礼仪礼节

上下电梯注意按电梯，进出注意谦让，上下车协助开关车门，主动提供帮助，主动关心问候，保持微笑，控制情绪，不在众人面前失态，行进中不抢道，合影时留出主宾位，上下楼梯适当搀扶，进出门注意敲门、带上门，在领导办公室喝完茶后带走一次性纸杯等。

5. 逢年过节发送问候短信

中国传统文化非常重视人际关系，讲究"礼尚往来"。逢年过节时，人们通过发问候信息来表达对亲朋好友的关心和祝福，这是一种维持和加强人际关系的重要方式。在发送祝福短信时，注意不要直接群发，不要千篇一律，至少应该在短信前面加一个有针对性的称呼，然后根据对方与自己的相处情况，编辑合适的信息内容进行发送。

小贴士

如果是重要领导，可根据实际情况单独编写一条"定制版"信息。模板参考如下：节日问候＋工作回顾＋积极表态＋未来畅想＋真心祝福＋落款（可根据情况适当增加微信表情）。

要点 4 做好上行沟通

上行沟通是指基层员工或下级部门，向上级领导或部门传递信息的过程，包括汇报工作、提出意见、反馈问题、表达意愿等内容，它为上级了解基层情况提供了重要渠道。本部分所说的上行沟通涵盖了政务接待及日常职场工作中的场景。

一、克服心理障碍

工作中，我们面对领导，尤其是重大政务接待面对高级别领导时，难免会感到紧张、焦虑或不自信。毕竟面对的是站在高位的领导，对方无论是眼界、见识、知识结构，还是社会地位和权力，都比我们强得多，加上政务接待意义重大、影响深远，牵一发而动全身。负责接待的人如履薄冰、战战兢兢，生怕一个不留神说错话或者接待环节没落实好，导致出现重大接待事故，不仅给自己的职业发展带来负面影响，还会连累整个单位一起担责。在此高压之下，个人动作变形、手心冒汗、小腿打战都是正常表现。所以，要做好上行沟通，首先要学会克服自己的心理障碍，调整好心态，以不变应万变。

其实，职场中往往级别越高的领导越平易近人，相处起来越没有架子。因此，在接待前不妨调整自己的心态，克服紧张情绪，放下思想负担，轻装上阵，反而接待起来效果更好。而在调整心态、克服心理障碍方面，可尝试以下方法：

1. 做好充足准备

俗话说，不打无准备的仗。当做好充足的准备，包括进行完善的背景调查、熟悉掌握整个接待流程后，心中的底气和自信自然会增强不少。同时通过反复背诵和练习讲解内容，让自己对讲解词倒背如流，做到烂熟于心方能游刃有余。

2. 学会开导自己

给自己打气加油，肯定自己的前期准备和付出，同时告诉自己，领导也是普通人，跟我们是一样的，按照接待步骤完成即可。即便在万全准备之下仍出现了问题，领导也不会将脾气发到接待人员头上，所以不要过分担心和紧张，全力以赴做到最好即可。

3. 调整节奏，适当放松

接待前可适当散散步，伸伸腰，在现场多走走，熟悉熟悉环境；在心中按照接待流程重新模拟一遍，包括讲解内容、站位、路线等；准备时不要一门心思放在工作上，适当跳脱出来换换脑子，让自己不要24小时精神高度紧张只盯在一件事上面；领导抵达前再次将开场白小声练习几遍，保持熟练的状态；一开始讲解时可以节奏慢一点，语速稍微放缓，等自己进入状态后再适当调整。

4. 学会保持微笑

直面领导时除注重礼仪礼节，还要保持微笑。通过微笑缓解陌生人之间的尴尬，同时通过微笑稍微舒展身体，调节紧绷的状态，让自己慢慢进入沟通状态，拉近彼此的距离。在接待时不妨提前明确本次接待的目标，学会将目标分解成一个一个小的阶段性成果，通过完成阶段性成果，不断给自己加油打气，以保持良好的心态。

二、坦率表达意见

在沟通讨论中难免会出现各执己见、意见不统一的时候，作为领导的一方或许会直接点名找人来给意见。此时，如果需要回答问题，应敢于表达意见，敢于指出存在的不足。

沟通原本就追求良性的互动，良性的互动并不代表需要一味说好话，所以不要因顾虑重重或害怕而不敢说。在沟通中出现各执己见，意见不一致时，应做到不卑不亢，坦率表达意见。对于此事存在的问题或风险，要敢于提前指正。敢于纠正错误、指出存在的问题，有时候并不会因此而得罪人，反而会给人留下认真负责的工作印象。敢于纠错，既展示了自身的专业价值，又体现了个人的魄力和信心，也会让领导对你更加认可和赞赏。

具有更高思维层次和认知水平的领导，能够清醒地意识到问题所在，因此，对于那些敢于提醒或敢于纠错的人往往会心怀感激和肯定。领导从不会排斥善意的批评和建议，更不会拒绝真正有价值的意见。但是需要注意，我们在表达意见的时候，要抓住主要矛盾和关键问题，不要挑刺，更不要随意批评和嘲讽，本着解决问题、让事情变得更好的原则去推动进展，而不是吹毛求疵，制造矛盾。所以在表达意见的时候，要做到只谈论现象、事实，不讨论动机，不揣测立场；只谈存在的风险和隐患、改善方向和内容，不附加个人主观评价，不煽动情绪对立等。

案例

☆ **如何在会议上提出有效的建议**

前情回顾：为做好城市旅游推介，需召开全市文旅推介大会，讨论包括最新文旅宣传片在内的细节，召集相关人员进行现场讨论。

案例分析：本次会议由相关处室牵头，分管领导"一把手"亲自出席，同时推介会涉及的相关处室、合作单位及各环节主要负责人均一起参会。会议的后期重点讨论本次推介会上要对外发布的最新文旅宣传片，各与会代表均需提出修改意见。当轮到我发言时，我考虑到在座的都是领导，不应该提过细的问题，故从视频本身的高度、脉络、逻辑和结构去提要求。当所有人发言完毕后，"一把手"说了一番意味深长的话："任何事情总是提修改意见的时候最容易。简单说说都很轻松，但具体要怎么做好、怎么落地往往很难。大家在提意见的时候要充分考虑到具体执行的问题，才能更有针对性。"领导的话实际是说刚刚发言者所提的意见过分宽泛，没有契合实际，反而变成空洞的口号和随大流之言。

要提好意见，首先，要做好充分准备，尤其是要熟悉领导风格，对于像"一把手"这种务实高效的领导，肯定希望听到的是切实有效的方案而不是口号式的应答。其次，提出问题时应该从主观问题和客观问题两个角度结合展开，做到简明扼要讲干货，提出的建议切实可行。比如，直接针对视频中中英文翻译不到位的地方，镜头取景角度容易造成外国友人误会的地方提修改意见。这样既有针对性，能从自身的专业角度给出意见，侧面展示个人价值，又能切实提高宣传片的质量，更好地展示城市品牌形象。

三、学会汇报工作

无论是在职场还是在政务接待工作中，汇报本身就是工作的重要组成部分。将工作汇报清楚不仅可充分展示个人的工作能力，还能及时查漏补缺，保证工作顺利推进。

1. 积极主动汇报工作

作为领导层，当然希望下属主动汇报，以便掌握全面信息、把握工作进度、通盘考虑布局，所以在职场中包括在政务接待中，主要领导都希望下属能经常沟通及互动。作为下属，要明确理解工作汇报既是领导了解情况的渠道，也是考察发现人才的途径，更是指导工作的重要方式；向领导汇报工作不仅是自身日常工作中非常重要的一部分，更是不可推卸的重要职责。所以主动汇报、积极汇报、善于汇报，能更好地得到领导的支持和肯定。

2.明确工作汇报内容

向领导汇报工作，基本可分为三个主要板块内容，包括工作成绩/成果、工作问题及工作计划。

第一，汇报工作成绩/成果中包含例行工作和创新工作的成果，也包含汇报者本人所获得的荣誉、成绩。通过汇报成绩/成果，展示过去工作的成就，可向领导展示个人的成长和进步，给领导留下良好的印象。不要担心汇报个人成绩有炫耀的意味，个人的成长离不开组织的帮助和关心，在汇报成绩的时候记得向领导表示感谢即可。

第二，汇报工作问题，包含客观问题和主观问题，在汇报的时候要进行分类说明。同时要说清楚问题存在的难点、关键点，以及需要得到哪些方面的支持和帮助，最好是带着解决方案（两个或两个以上）来进行问题汇报。在汇报问题时，需同步提出解决方案，避免因问题悬置影响工作正常推进。

思考

☆ 如何有效地说"不"？

在职场或政务接待中，当领导提出的需求存在执行困难时，我们该如何专业地表达异议并有效地说"不"呢？

举个常见的例子。为赶考察进度，有时需要乘坐早班机前往异地，但一大早的飞机加上连轴转的考察会让领导非常疲乏。常见情况是午后会有领导提出先返回酒店休整一下，下午再继续参观。但住宿酒店与考察点常常方向不一致，加上容易塞车，所以无法安排，此时跟领导汇报就尤其要注意方式方法了。

通常可采用以下方式沟通："××（尊称），我非常能够理解您和大家的情况，一大早赶飞机再加上接连不断的考察，的确会非常疲乏。如果可能的话，我们也非常希望能够趁着午后的空档期返回酒店，让大家稍事休息。但是您看我们现在在城市的西边，酒店在城市的东边，返回酒店的话要穿越整个城市，加上塞车，预计车上需要接近1小时。现在赶回去，在房间休息不到20分钟又要赶回西边的考察点，一来一回时间都耽误在路上了。而且最近是旺季，酒店的入住时间是下午3点以后，现在赶回酒店很有可能部分房间的卫生也没有整理干净，到时候恐怕会造成部分领导需在大堂逗留，无法休息。或者您看这样可否，要不我们返回酒店，但是取消一个考察点，留出充足的时间休息；要不我们稍微加快一点进度，先把下午的考察点走完，然后早点吃晚餐，早点回酒店休息。您看哪一个方案比较合适呢？"

在说"不"或者否定领导提出的方案之前，首先，摆明事实，有理有据地说清楚客观原因和存在的问题；其次，拿出至少两个解决方案，供领导选择，而不是一味地说

"不行""不能够""不可以"，这样不仅于事无补，反而容易激起对方的反弹；最后，真诚地站在对方的角度思考问题，将心比心地理解对方的用意，真心实意地为对方着想，取得对方的理解和支持。

第三，汇报工作计划，包括工作目标、实施方案和保障内容（含预算）。在汇报前先明确单位／企业的年度总目标，再明确个人所在的部分或板块的目标，结合目标进行分解，制订相应目标计划的实施方案和保障内容。实施方案要细化完善及分工明确，保障内容要明确各部分／各环节的职能分工、提供的配合与支持，以及详细的费用预算和经费支出等，一切围绕整体目标展开，以可落地、可实现、有成效、有成果为准则。

3. 汇报的基本原则

第一，适当时机原则。选择恰当的时间点向领导汇报工作，确保领导有足够的精力和意愿来倾听和处理汇报内容，以达到最佳的沟通效果。要提前了解领导的日程（工作安排、会议日程），一般不要在一上班或者中午休息的时候去，更不要在领导即将参会或准备出发前去汇报重要且复杂的工作。在汇报前要留心观察领导的工作状态和情绪，尽量在对方心情相对轻松、精力充沛的时候汇报。如发现领导眉头紧锁、心不在焉，而汇报内容又不是重要且紧急的话，则可先结束沟通，择日再进行汇报。

第二，适合地点原则。要挑选合适的场所进行工作汇报，避免外界干扰，确保汇报的效果和质量。汇报场地要根据内容进行选择，如内容敏感或涉密应该在领导办公室或会议室等相对封闭、安静的场所进行。若只是简单的工作进展沟通，在办公区域的小型讨论区即可进行。如无须使用投影仪等设备，仅需要口头汇报，则要注意避开人员密集、噪声过大的公共区域；切忌选择在大厅、过道等地方，容易打断领导的注意力，造成精神不集中，也容易泄露某些关键信息。

第三，及时原则。在规定的时间内或在工作进展到关键节点、出现重要问题时，需要及时向领导汇报，确保领导能够实时掌握工作动态，以便做出及时、准确的决策。尤其是重要且紧急的事项务必第一时间进行汇报，以便领导及时采取措施解决问题。切不可因事件发生在非上班时间、领导出差或休假等而耽误汇报的时间，贻误解决问题的最佳时机，造成巨大损失或恶性后果。

第四，做好准备再汇报原则。在向领导汇报工作之前，个人要先对汇报的内容、数据、资料等进行全面、细致的准备，反复核实确保汇报内容完整、准确之后，再详细向领导有条理地进行汇报，确保对方能够清晰地了解工作的全貌和重点。

汇报前，先对工作进行系统的梳理，明确汇报的核心内容，先讲结果／给定论，再根据情况、进度、问题、解决方案等逻辑顺序组织语言；注意要有清晰、准确、翔实的数据，注意做好横比（与同期横向城市相比）与纵比（与上年同期相比）等，通过数据分析得出结论，说明项目的完成进度和成果；站在领导的角度预设问题，提前准备好相应的答案，做好充足的准备；在正式汇报前，可以在自己的脑海里或给同事进行预演，通过演练核查汇报的逻辑性、流畅性及表达方式，及时发现并解决问题。

第五，尊重领导决策原则。在汇报工作过程中，要尊重领导的决策和判断。当对方的决定和指示与自己的想法不一致时，可以提出疑问，表明不理解的地方，但首先应保持尊重，耐心沟通。如经过双方沟通之后自己仍然心存疑虑，应先按照领导的要求进行修正和推进，在落地中思考与理解；与此同时，在执行过程中要及时向领导反馈工作的进度和效果，让对方了解决策的实施情况，如遇到困难或问题，应及时向领导汇报，再根据领导指示进行调整。

四、提升自身价值

人与人之间的交往本质上就是价值交换，社交最终还是要回归个人价值。而做好向上管理的首要前提是提高自身的价值和能力。"打铁还需自身硬"，有金刚钻才能揽到瓷器活。优秀的人更倾向于与优秀的人合作，因为只有这样，他们才能互相滋养、共同成长。

没有能力和实力的人，走到哪里都很难得到别人真正的尊重。尤其是在向上社交和沟通的场合，没有办法完成领导或上级交办的任务，无法给领导或单位做出成果及成绩的人，很容易变成职场的"小透明"。所以个人首先要做的是努力学习，提升自己的认知，通过"事上磨"不断磨炼自己的意志、心性和能力，精准理解别人的需求，为别人提供实实在在的价值，让自己成为独当一面且具有不可替代性的人才。

即便是在最普通的岗位也能做出不平凡的业绩，关键在于自己是否能下定决心、认准目标，有排除万难的决心，更有逢山开路、遇水架桥的勇气和魄力。向上走的路每一步都很艰难，但只有走通这条路才是普通人在社会、在职场中安身立命之本。有一段话是这样说的："不要去追一匹马，用追马的时间种草，待到春暖花开时，就会有一批骏马任你挑选；不要去刻意巴结一个人，用暂时没有朋友的时间去提升自己的能力，待到时机成熟时，就会有一批朋友与你同行。用人情换出来的朋友只是暂时的，用人格吸引来的朋友才是长久的。所以，丰富自己比取悦他人更有力量。"只有自己足够优秀，拥有独特的价值，才能在点亮自己的同时，为别人提供靠近和帮助你的理由。

小贴士

在与领导沟通的时候要做到不卑不亢，落落大方，要对自己充满信心，不要过分紧张拘谨。领导当面表扬时，可淡然接受，同时感谢领导的肯定，表达希望能够在领导的帮助下继续进步；领导将自己与其他同事进行对比时，则可表示各有千秋，但各自优势不一样，再具体举例说明大家各自的强项。

比如，领导说："这个活动很重要，原定的主持人是省电视台的，要是让你来做有没有信心？"你可以说："感谢您的信任！就是不知道这个活动的定位是什么。如果是从对城市历史人文的角度来讲解，我肯定高度胜任；但如果从播音主持的角度来说，主持人肯定是更专业的，就看活动想要什么样的效果了。当然，最后谁更合适，还是要由您来定。按照您的指示，我一定会全力以赴把工作做好！"这样既不会在重要领导面前露怯，也从不同角度展示了自己的实力，还不会贬低对手。

五、学会表扬和感谢

没有人不喜欢被表扬，即便是领导也一样。《人性的弱点》中提到，"每个人都会对欣赏自己的人心生好感——不论工人、职员还是君主，无一例外"。表扬不仅能让人增强自信，还能疏解压力，增加归属感。但是如何在职场或政务接待中做到真诚赞美呢？有以下几种方法可供参考：

1. 关注事实

以事实为依据，根据对方工作中的细节和付出的努力，有针对性地进行表扬。如"俗话说大海航行靠舵手，今年春节文旅行业整体收入比去年增加了 15.1%，正是有您的带领，让我们再创辉煌"。

2. 强调影响

指出对方的工作或行为带来的积极影响和价值，包括在同类城市或项目当中的影响力和媒体的宣传报道力度等。

3. 及时表扬

可因地因时针对对方的着装、外形、兴趣爱好、特长、优势等进行表扬。

生活中不缺少美，缺少的是发现美的眼睛。当看到对方有值得赞美的地方要及时表达，不要拖延。尤其是发现对方有新变化、新成绩或新状态时，更要及时提出表扬，这样能让对方更真切地感受到你的诚意，也能让赞美效果最大化。

当然在表扬时要注意适度，不要过于浮夸，更不要带有功利性目的，这样容易让赞美变味，也会让对方察觉到你的动机不纯。同时，表扬要注意场合和方式方法，不要夸大其词，注意避开敏感话题，掌握好分寸和措辞，不要让对方感到尴尬或者产生负面效果。

要真诚地表达感谢，需要学会用感恩的心去看待身边人，包括上级领导。当你抱着感恩的心去看待这个世界，这个世界也会给你正向的反馈。

工作或生活中，当你学会用感恩的态度去看待人、事、物时，即便面临批评和质疑，也会将其转换成激励自己变得更好的契机。在职场中，能遇到愿意指导你的前辈、积极配合工作的同事、支持肯定鼓励你的领导都是万幸，实属难得，所以更要珍惜身边人的帮助，尽最大所能去释放你的善意。即便暂时困苦或不如意，也不要灰心失望，世间的美好总是环环相扣的，你向别人释放出的善意，终究有一天会在自己身上长出善果。"爱出者爱返，福往者福来。"

第 *6* 章

讲解内容的基本要求

讲解指解说、解释，具体就是在观察的基础上进行思考，合理地说明事物变化的原因、事物之间的联系、事物发展的规律，说清楚、说明白事物的本质和由来。

要求1　讲解语言的基本要点

讲解语言有以下几个方面的基本要求：

一、正确性

正确性，即讲解的语音语调正确、运用精确的词语、内容反映客观事实并且要有客观依据。

注意，讲解人文和社会事件时，讲解信息来源要可靠和准确；讲解自然景观时必须有科学依据；虚构神话只能起到点缀作用，不能成为讲解的主要内容。

二、适切性

适切性，即讲解要切旨、切情、切境、切己、切人、切时。

1. 切旨

讲解词需要紧扣主旨。比如，在博物馆内介绍一件青铜器文物时，主旨是要展现古代高超的铸造工艺和文化内涵，讲解词应该围绕这个主旨展开。

例：我们面前的这件青铜器制作精良、纹饰细腻，充分体现了古代工匠的精湛技艺。它不仅是一件实用器皿，更是当时文化艺术的结晶，承载着那个时代古人的审美与价值观。

2. 切情

讲解词要贴合情感。比如，在红色展馆讲解英雄烈士们的事迹时，要充满崇敬和缅怀之情。

例：在这里，当我们凝视着烈士的遗物时，仿佛还能感受到他们当年为了国家和人民，义无反顾投身战斗的壮烈情怀。自古太平烈士定，不见烈士享太平。历史川流不息，精神代代相传。还好，这盛世中华终不负烈士们的所愿！这红色江山里会永远讲述他们的故事！

3. 切境

讲解词要与环境相契合。比如，在自然风景区讲解时，讲解词要与优美的自然环境相得益彰。

例：绿水青山就是金山银山，站在这片青山绿水之间，呼吸着清新的空气，我们仿佛置身于一幅美丽的画卷。大家请看，这里的奇峰异石、茂密森林和潺潺流水，共同构成了大自然的鬼斧神工之作。

4. 切己

讲解词要将讲解者内心深处的感受和参观内容有机结合，对听众进行情绪的调动，让听众与讲解者的情绪同频共振，让听众产生共鸣。

例：在展厅当中，当我们第一眼看到这幅画，就会被它深深吸引。它的色彩和线条仿佛触动了我们内心深处的某种情感，让人不禁沉浸其中。这幅作品穿越了时空，把作者的情绪带到了现在，也让我们仿佛遇到了故人知己一般，感到在这个世界并不孤独，原来有人和我们一样有着共同的感受，内心深处瞬间得到极大的抚慰，这就是艺术品跨越时空的价值所在。

5. 切人

讲解词要考虑听众需求，根据参观人员的背景、教育情况、经历、职业等，用不同方式进行讲解。如果是为小学生讲解历史故事，讲解词就要通俗易懂、生动有趣，可多采用提问方式进行互动。

例：小朋友们，你们看这个古代将军塑像图，他穿着威风凛凛的铠甲，就像你们心中的超级英雄一样勇敢呢！他带领着士兵们保卫国家，是不是很厉害呀？

6. 切时

讲解词要符合当下时代背景，适当采用通俗易懂的语言，便于知识传递和专有名词解释。

例：这款 AI 智能医疗设备的出现，使计算机能够像医生一样学习、思考和决策，通过检测结果的数据分析，极大地提高了医生问诊的效率，帮助医生快速和便捷地找到病源所在，减少病人痛苦的同时，能争取治疗时间，成为医生重要的智能助手。

小贴士

讲解时要根据对象、场景、事件的不同进行适当调整，如使用借题发挥、借景发挥、借物发挥等方式，适当进行延展，丰富讲解内容。

三、逻辑性

逻辑性，即讲解时要注意将一个问题、一个事件讲清楚、讲透彻，说清是什么、为什么，注意前因后果，保持内容的完整性、层次性。

四、生动性

生动性，即讲解使用的语言要鲜明生动、风趣幽默，灵活运用比喻、拟人、对偶等修辞手法，引发听众的兴趣。

📋 要求2　讲解工作遵循的原则

党的二十大报告要求，"提炼展示中华文明的精神标识和文化精髓，加快构建中国话语和中国叙事体系，讲好中国故事、传播好中国声音，展现可信、可爱、可敬的中国形象"。讲解既是讲好中国故事、传播好中国声音的重要方式，也是增进各国民众之间文化交流的重要渠道，而政务接待人员就是这个传播故事的人。

正如导游的工作不仅仅是简单提供"向导、讲解及相关旅游服务"的人员，而是行走当中的老师，不仅要让国人在行万里路中增强文化自信和民族自豪感，还要让外国友人通过近距离、深体验的机会，感受可信、可爱、可敬的中国。政务接待人员更身负本地城市文化旅游推广大使的职能，肩负展示城市／企业治理水平、城市／企业综合实力及重要信息传递的重任。

讲解时要遵循以下一些原则：

一、调整定位，明确目标

政务接待与普通旅游团不同，因此在心态及定位方面必须有清楚的认识。政务接待是代表当地形象的一次宣传及推广活动，政务接待人员要做到落落大方，不过分谦卑，不过于随意，要以高标准严要求管理自己的一言一行。全程讲解不应出现不符合接待主题的字眼。同时在服务上要更细心、更热情，充分展示主人翁精神与魅力。

二、简洁明了，突出重点

讲解内容应言简意赅，清晰明了，避免过多的语气助词或口头禅，注意方式方法，突出重点，做到有的放矢；不提敏感话题或有争议的话题；在讲解及介绍时，可以专题介绍形式进行。

三、首尾呼应，分段介绍

每次开始介绍时，均以"各位领导 / 代表 / 嘉宾，大家好"开场，再简单介绍接下来的行程安排及相关时间等细节。在抵达前 5～10 分钟，呼应之前所说的参观地点介绍、讲解注意事项及集合时间与地点。如全程统一行动，则无须提集合时间和地点。注意使用"谢谢"作为结束语。

适当将车上讲解时间进行分段，每次讲解在 20～25 分钟左右（刚出发时可视嘉宾情况延长讲解），如遇到领导在谈论事情，则不进行讲解。注意留出空余时间让领导们自由交流及休息，而不是从头讲到尾。

四、主流为主，民俗为辅

政务接待以主旋律讲解为主，从政治、经济、文化等各方面展示当地的新思路、新发展、新变化、新成绩；突出与参观主题相契合的各种可喜成果；同时可穿插介绍部分展示城市正面形象的民俗及当地风土人情。

小贴士

部分常用讲解板块框架

欢迎词结构：

问好（留意称谓）；

点题（本次活动主题）；

介绍自己和指出本人身份（定点讲解、车上讲解、全程讲解）；

陪同参观时间；

指出下一站及抵达时间；

（车上讲解时）不用介绍司机；

原则上不公开通报本人手机号码。

欢送词结构：

问好；

表示行程结束，再次点出活动主题；

表示感谢；

概述活动目的；

邀请领导、嘉宾再次来访；

送上祝福。

注意，原则上不回顾考察行程。

例：

①开场白（欢迎词）。

各位领导，大家好，欢迎大家来××城市考察，我是本次考察活动的全程工作人员×××。本次考察全程×天，将前往××、××城市进行政务活动。如在考察过程中需要帮助，请随时告诉我，我将竭诚为大家服务。谢谢！

②考察途中开场。

各位领导，大家好！现在我们将前往今天考察活动的第一站×××，车程约为×分钟。谢谢！

③活动当天结束语。

各位领导，大家好！我们马上就要返回酒店，结束今天的考察活动。明天早上××点叫醒，××点于酒店×楼××餐厅用中西式/围桌早餐，××点于酒店大堂集合准时出发。明天我们将参观××企业，考察××，明天气温是××摄氏度，请大家适当增减衣物（如需着正装，还要做好提醒工作），谢谢！

④欢送词。

各位领导，大家好！我们马上就要结束这次政务活动。在此，我非常感谢大家对我们工作的支持和关心，如果有没做到位的地方，欢迎各位领导批评指正，我们一定会在今后的服务中进行改善与提高，也希望大家能继续给予我们为大家服务的机会。祝各位领导工作顺利、身体健康，谢谢！

讲解除了遵循一定的原则，还需要注意以下事项：

1. 正面宣传，注意推广

政务接待是一次城市形象和文化的推广，所以讲解的内容必须具有正能量，须以正面展示城市形象为标准，符合国家法律法规，符合公序良俗。对于负面信息或者存在争议的内容，做到少讲少说甚至不讲不说。

2. 不做游戏，不搞活动

政务接待中，因团队的特殊性，加上身份及工作性质，尽量避免组织娱乐活动及游戏。但可根据嘉宾的现场反应适当增加一两个有特色的活动活跃气氛，如唱本土民歌或方言歌曲，或者讲本地笑话，分享趣味小知识等，但题材及内容均须正面且不带歧义。

要求 3　讲解词的基本原理

讲解词是匹配政务接待活动的重要辅助工具，也是讲解工作重要的"剧本"。"剧本"过硬是政务接待人员出色完成讲解工作最基本的保障。

一、撰写前准备

1."三明确"原则

第一，明确主题。了解活动主题背后的来龙去脉、历史渊源，方能确定本次政务接待的重点，做到讲解词富有针对性，有的放矢。

第二，明确重点、亮点、特点。当前发展的最新成果、重要成绩、喜人变化，包括创新方向都是值得大书特书的地方，应着重讲解与介绍，并作为考察中的重点安排实地走访。

第三，明确路线。动态服务过程需匹配参观路线、乘车路线进行分板块、分区域的沿途介绍，要做到移步换点、点随人动、讲伴同行。

2.讲解风格要求

文风求"新"求"实"。其中，"实"是指要避免空洞无物、华而不实的讲解词，要讲道理、摆事实、明思路、列措施、列行动，多用事例、数据佐证，不讲脱离实际的话，不讲虚话、套话，不空喊口号，不照本宣科。

"新"是指注意发掘新情况、新亮点，避免老调重弹、流于俗套，可多使用横向对比及纵向对比，与同类企业／城市／

产业等进行比较，对材料进行创新性加工；同时注意与时俱进，适当使用具有时代特征的正面词汇，适当引经据典。

3. 讲解资料收集

在收集资料时，注意整理年度城市政府工作报告；城市概况，包括政治、经济、时事、政策、历史、人文等；本地文化专题，包括历史、名人典故、传统习俗、地域文化；考察点背景资料，包括概况、历史、现状；归纳总结特定专题（可根据活动对象不同来准备）。

例：广州城市文化专题可包括以下关键词：海上丝绸之路的起点、岭南文化的中心地、改革开放的前沿阵地、粤港澳大湾区、食在广州、广州名人（包括广州户籍、因种种原因来到广州或在广州工作、逗留过的历史人物）、老广传统文化习俗、粤语俚语等。

二、讲解词原理

讲解词是拿来"听"的文章，不是拿来"看"的文章。

讲解词是讲解工作中重要的"剧本"，旨在通过讲好城市故事，传播城市声音，展示城市形象。其应用场景是面向听众进行讲述，故讲解词本身是一篇"口头讲述说明文"。

在写好讲解词后，可按照以下步骤进行查漏补缺：

①反复朗读讲解词，标出其中生僻字的拼音，确保发音准确；

②在朗读时聆听是否有同音字或歧义字，如"森呼吸"在听众听来可能会认为是发音不准的"深呼吸"；

③思考听众是否能清晰直观地理解所讲述内容的来龙去脉，以及所陈述的观点和相应的解决方案。

中国国家博物馆第一代讲解员、终身研究员齐吉祥老师提出，讲解中要做到让观众"听得懂、愿意听、记得住"。

听得懂、愿意听、记得住是检验讲解是否成功的重要标准，三者缺一不可。也可以此为讲解词优劣的判断标准，站在听众的角度重新审视讲解词的创作内容及上下文逻辑。

另外，讲解中故事的使用非常重要，因为只有故事才能打动人心，扣人心弦。但无论多么惊心动魄、荡气回肠的故事，最终都需要真情实感才能真正打动人。如果讲解者本身不被打动的话，故事是不会真的让听众"入耳、入脑、入心"的。要想打动听众，首先要打动自己，通过讲解者自身的真情实感，才能做到代入式、沉浸式讲解，才能让听众随着讲解者讲述的故事真正做到"有所思、有所得、有所启发、有所行动"。

要求4　讲解词的核心要素

　　齐吉祥老师根据自己40多年的讲解工作经验，总结出讲解的五要素："是什么""为什么""给谁讲""讲什么""怎么讲"。这五大要素为我们编写讲解词指明了方向。

一、是什么

　　"是什么"通常指的是对所讲解事物（如景点／考察点／文物等）的基本情况的介绍，包括它的本质、定义、特征、属性或者定位、荣誉等。在讲解词中，这一部分通常放在概述／概况部分，开宗明义，开篇即点题。具体来说，可以包括以下几个方面：

1. 名称解释

　　解释景点、文物、历史事件等名称来源或含义。

2. 本质属性

　　介绍讲解对象的基本特点，如建筑风格、自然景观的形成原因。

3. 历史背景

　　介绍讲解对象的历史沿革、重要意义及时代特征。

4. 文化意义

　　阐述讲解对象在文化、艺术等各方面的价值和影响，包括后世评价及相关荣誉等。

5. 社会功能

　　描述讲解对象在社会中的作用，如一个建筑物的用途或一个事件对社会发展的影响。

6. 地理位置

指出讲解对象的地理位置，解释地理位置对其形成和发展的影响。

7. 结构组成

如果讲解对象是一个复杂的体系或结构，介绍其组成部分和各部分的功能。

8. 艺术特点

对于艺术品或建筑，介绍其艺术风格、设计特点等。

9. 科学价值

如果讲解对象具有科学研究价值，介绍其在科学上的发现或贡献。

10. 保护状况

对于需要保护的文物或自然景观，介绍其保护措施和现状。

小贴士

"是什么"的内容是讲解词的基础部分，是一个"下定义"的过程，相当于文章的总述部分。它为听众提供了对讲解对象的初步了解和认识，是进一步深入讲解的前提。在撰写讲解词时，应确保这部分内容准确、简洁，并能够激发听众的兴趣。

二、为什么

讲解词中,"为什么"通常指阐述解释要讲解的主题、事件、文物等的背景、原因、目的、意义或者背后的动机等。这一部分内容可以激发听众的兴趣,使听众产生认同感,并进行深入的思考。

"为什么"是讲解内容的重要组成部分,它与"是什么""给谁讲""讲什么""怎么讲"等要素密切相关。在讲解过程中,合理地阐述"为什么"可以使整个讲解更加逻辑清晰、连贯一致。

小贴士

如果是历史照片,要知道照片上的人物(包括姓名、生平经历等)、照片背景和来历等情况;如果是文物,要知道来源、年代、意义、征集的过程等内容;如果是事件,要知道起因、经过、结果、影响、意义等内容。

案例

☆ **"是什么""为什么"范文**

最初的湾区——桑园围(李淑玲)

大家请看,这块清同治九年的《桑园围全图》碑刻原放置于西樵镇海舟村西北部南海河神庙内,庙毁时曾被当作铺路石,表面受到一定程度的磨损。碑刻通高142厘米、宽83厘米、厚7厘米。碑额以篆书写"桑园围全图"五字。全碑分为上、中、下三部分，上部是番禺陈璞题记、邹琏题跋，中部是我国近代科技先驱邹伯奇及其弟子邹琏、罗照沧所测绘的桑园围图，下部是李徵尉撰写的图说。该碑刻历经沧桑，见证着桑园围古老的历史。

桑园围位于佛山市南海和顺德境内，历史上因种植大片桑树而得名。始建于宋代，明初期合围，兴盛于清中叶，因围垦灌溉而"生"，因合围防洪而"盛"，利用围堤、窦闸、河涌三大关键工程实现了引水灌溉、排水除涝、防洪挡潮、维系生态等效益，逐步形成中国古代最大的基围水利工程。桑园围分为东、西两段基围，犹如一个簸箕形状，成为西樵、九江、沙头及顺德龙江、勒流一带的农田和农作物的天然屏障。历史上灌溉农田达20多万亩，清嘉庆年间，更成为"近省第一沃壤""粤东粮命最大之区"。截至2019年，仍有6.2万亩农田耕地受桑园围保护。

三、给谁讲

讲解词中，"给谁讲"指要确定讲解的目标对象，当讲解者心中有明确的目标对象，和他们进行面对面交流时，就能够让讲解更加有针对性，更能吸引听众的注意力。

听众可以根据年龄、职业、知识水平、兴趣爱好等不同维度进行划分，有针对性地编写、修改讲解词；同时，讲解专业性、知识点的难易程度也应有所调整；讲解语速、语调和节奏，包括讲解方式也要相应产生变化。

有时听众会评价个别讲解者说话像机器人一样，或者背稿味很重，其实听众指的就是讲解者在讲解时没有对象感。讲解者在讲解时不是在跟自己说话，而是讲给听众听，因此，需要找到一种与他人讲话的感觉，才能把讲解内容有效地传达到听众心里。试想我们在和亲戚朋友聊天，特别是讲到自己感兴趣的话题时，是不是有一种松弛感？在政务接待中，可以在规范化讲解的基础上，寻找和亲戚朋友讲话时的那种自然放松的状态，做到有稿像无稿、无稿像有稿，使我们的讲解既规范，又有亲和力、对象感。

小贴士

明确"给谁讲"，是编写讲解词、写发言稿、写汇报材料的第一步。明确"给谁讲"后，要仔细思考目标对象的特点，包括年龄、教育背景、工作经历、语言习惯等，再加上讲解环境和场景特点，在心里构建一个和听众交流的场景，想象他们的反应和可能提出的问题，从而更好地结合听众的情况"量身定制"讲解词。如果听众为老年人，讲解的语速要适当放慢，声音要更清晰、温和；如果听众是年轻人，语言可以更活泼、时尚一些。

四、讲什么

在明确了主题、原因和受众之后，"讲什么"就是围绕主题展开的具体信息及内容。这是讲解的核心部分，直接决定了听众从讲解中获取的知识量和信息的价值。

小贴士

"讲什么"就是一个深挖讲解主题背后故事的过程。要注意做好"知识增量"，针对听众的特点讲述其欲知、应知、未知的内容，不重复大家熟知的内容（或一笔带过），做到"从知其言到知其义，从知其然到知其所以然"。

案例

☆"讲什么"范文

永不消失的红色记忆（沈莉莉）

"一寸山河一寸血，一抔热土一抔魂。回想过去的烽火岁月，金寨人民以大无畏的牺牲精神，为中国革命事业建立了彪炳史册的功勋，我们要沿着革命前辈的足迹继续前行，把红色江山世世代代传下去。"这是习近平总书记在2016年参观安徽金寨县革命博物馆的时候说的。其中第一句"一寸山河一寸血，一抔热土一抔魂"也是作为红色宣讲员的我最喜欢引用的一句话。可直到我来到安徽金寨县后，才真正明白这句话背后的含义。

安徽金寨县是中国革命的重要策源地、人民军队的重要发源地，被誉为"红军摇篮、将军故乡"。2024 年，金寨县常住人口 48.8 万人，可在战争年代，却有 10 多万英雄儿女参军参战，绝大多数血洒疆场，"家家有红军，户户有烈士，山山埋忠骨，岭岭皆丰碑"。这些牺牲的烈士，最终有名可考的只有 1.1 万人，绝大部分人都湮没在历史的长河中。

"一寸山河一寸血，一抔热土一抔魂"是对历史最真实的写照，而像金寨县一样的革命老区在中国比比皆是。近代以来，为中国革命事业牺牲的烈士超过 2000 万人，其中可查有名有姓的只有 196 万人。这些为了我们今天的幸福生活抛头颅、洒热血、不惜牺牲生命的人，绝大部分都没有留下名字。而作为红色宣讲员的我，让人民记住他们则是我身上的使命和责任。所以当我们再次重温这句话时，请不要忘记这些英雄和烈士的故事，不要忘记来时路，更不要忘记英雄和烈士们的伟大梦想！

五、怎么讲

在讲解当中，"怎么讲"其实是一个如何沟通的问题。沟通过程中有一个著名的"73855"定律，也被称为梅拉比安沟通模型或麦拉宾法则，是由美国心理学家艾伯特·麦拉宾

（Albert Mehrabian）在 20 世纪 70 年代提出的。这个定律通过一系列研究，分析了人际沟通中口头和非口头信息的相对重要性。根据这个定律，我们知道在沟通的时候来自语言表达的信息占 7%；通过听觉传达的信息占 38%，如说话的语音、语调、节奏和停连等；而剩下 55% 的信息是通过视觉传达的，包括手势、动作、表情（含微表情）、着装、仪容仪表等。

这个定律强调了非语言信息在沟通中，尤其是在表达情感和态度时的重要性。它并不是说内容不重要，而是说在很多情况下，人们更倾向于相信他们看到的和听到的非语言信号，而不是说话者实际说出的内容。

"73855" 定律启示我们：要主动提升个人形象和对自身肢体语言运用的意识；在可能的情况下，优先选择面对面或电话沟通，而不是仅通过文字；在沟通时注意语气、语速和语调，留意自己的表情、眼神和动作，确保它们与所说的内容相匹配。

小贴士

语言是有感情色彩的，当蒙上听众眼睛的时候，光凭声音就能判断出讲解者是开心还是愤怒。但是当听众看到讲解者的时候，就会被各种外在因素干扰，包括大量的非语言信息。如对讲解者实际说出的"我很开心"，听众能够通过其面部表情或肢体语言感受到他的真实情绪，并且这些潜在的情绪更能让听众相信这才是讲解者真实的感情。

一名优秀演员的诞生，不仅要靠过硬的台词功底，更重要的是其非语言信息的传递能力。一名优秀的政务接待人员应向优秀的演员学习，不仅要做到讲解"绘声绘色"，更要做到"眼波流转""表情丰富"，学会运用眼神、动作、手势、表情等方式展现讲解内容，而不是生硬地背书，成为所谓的"讲解复读机"。这样的讲解听之无味，浪费听众的宝贵时间。

第 7 章

给听众讲好故事的思路

新时代，讲好中国故事是推进文化自信自强、铸就社会主义文化新辉煌的必然要求，也是增强中华文明传播力的重要途径之一。

思路 1 好故事入耳入脑入心

一、故事是最好的讲道理的方式

深刻道理要通过讲故事的方式来打动人、说服人。

其实不仅是深刻的道理，就是浅显的道理，要想听众听进去乃至付诸行动都很难。比如，孩子放学回家，父母都会说一句"先做完作业再玩"，可孩子依然将作业完成时间成功拖到睡觉前的最后一刻；又如，父母总会劝我们晚上早点睡，不要熬夜，可当我们躺在床上的时候，即便没有具体的事情要忙依然不想睡，最终又是以熬夜结束一天。明知道作业不完成不行，明知道熬夜对身体不好，可为什么偏偏就对这些道理无动于衷呢？

太阳底下无新事，道理都大同小异，如何把道理真的说到对方心里去，获得其认同并让其采取行动才是最大的本领。面对孩子，简单的说教都无效，更何况面对的是已经树立起自己的人生观、价值观的成年人。而通过故事对要讲的道理进行逐层剖析，通过故事代入、情景再现的方式帮助听众重新思考，无疑是更好的方式。

我们小时候都爱看的寓言故事，无论是龟兔赛跑还是滥竽充数，都能够让人简单直接明白要讲的道理。故事就像是一座桥，帮助我们把想讲的道理传递给听众，让听众入耳、入脑、入心。

☆ 如何牢记共产党员的第一身份

道理：对于共产党员来说，不论自己的出身和社会地位如何，其第一身份都是"共产党员"。无论什么时候，处于什么环境下，每个共产党员都应当始终牢记自己的第一身份，自觉以党员的标准严格要求自己，维护好党的良好形象。共产党员这个"第一身份"是党员的基本特征，也代表着对广大党员干部的基本要求。它是一种党性修养的体现，更是一种人格力量的释放。只有牢记自己的"第一身份"，我们才能始终保持信念的坚定、思想的纯洁和追求的高尚，才能把心思和精力用在发展党和国家的事业上，才能真正做到为人民服务。

故事：一位 70 多岁的患有重度阿尔茨海默病的老爷爷生病了，孩子因故无法照顾，他只能独自一人待在医院接受治疗。大家想一想，这位 70 多岁的老爷爷，一个人在医院的时候会出现什么样的状况？他谁也不认识，在身体不舒服的情况下又在一个陌生的环境里，肯定不会认真配合治疗，对吧？老爷爷在医院里不肯打针、不肯吃药，软硬不吃、油盐不进，医生没办法，只能给老爷爷的儿子打电话，希望家属能够帮忙劝劝。

电话接通以后，让大家没想到的是，老爷爷的儿子并没有动之以情、晓之以理，而是直接问父亲是不是共产党员。躺在病床上上一秒还有气无力的老爷爷，下一秒就立刻响亮地回答："谁说我不是共产党员？！我死了也是共产党员！"最后在孩子的要求下，老爷爷积极配合治疗。最终，老爷爷康复了。他坐在病房窗户旁边的凳子上，跷着二郎腿哼着小曲。落日余晖透过玻璃窗，暖暖地照在老爷爷身上。故事终于有了一个美好的结局。

一个重度阿尔茨海默病患者，不记得自己的名字，不记得自己银行卡的密码，不记得自己家在哪里，不记得自己孩子的模样，但是他依然记得"我是共产党员"。这是一种什么样的精神？这是一种什么样的信念？这就是时刻牢记共产党员的第一身份。

二、丰富故事的表达方式

故事，人人都喜欢听，没有人抵挡得住一个精彩纷呈的故事的诱惑。大家不妨回想一下自己爱看的小说、电视剧或者电影，每每都是看得欲罢不能，不想睡觉，一心只想赶快去看接下来的剧情。精彩的故事就像一块吸铁石，牢牢地把听众吸引住，让他们动弹不得。

讲解对于人类的大脑而言就是听觉刺激，可相较于单纯的声音来说，人类大脑似乎更喜欢观看视频。视频能够同时提供视觉和听觉的多感官刺激，并且视频所包含的信息往往比单纯听到的内容更加丰富和直观，甚至可以通过观看视频，捕捉到很多语言不能完全传达的"言外之意"，如通过视频中的人物动作、表情等非语言信息判断他的情绪状态；从人物的动作中推测出他们的意图和行为逻辑。

另外，在展示未来科技世界的场景时，视频还可以通过特效、剪辑手法等创造出奇幻的视觉效果，满足人们的好奇心和想象力，将观众带入一个充满想象力的未来世界。

虽然视频相对于单纯的文字和声音而言对人的大脑更具冲击和影响，但无须"讳疾忌医"，可以结合各展厅和参观点的情况因地制宜，设计通过视频观看或讲解、视频相结合的方式，使讲解的表达形式多元化，留住听众的脚步，让听众能够"沉浸式"地投入其中，激发其学习和探究的动力，真正让故事背后的"道理"走进听众心里，给听众留下更加深刻的印象。

三、精彩故事让人难忘

一个生动精彩的故事往往令人印象深刻，即使历经岁月洗礼依然历久弥新。不妨回想一下，在人生的漫漫长河中，也许很多往事已经记不清，可总有那么几个故事如同夜空中的星辰般熠熠生辉。就像我们小时候听过的白雪公主和七个小矮人、小美人鱼、农夫与蛇的故事，即便我们不曾刻意温习，可故事里面的细节依然历历在目。我们不会把毒苹果记成毒香蕉，不会忘记小美人鱼最后化作海面上的泡沫时带来的那份遗憾，更不会忘记农夫被蛇反咬一口后的愤愤不平。而这一切都是故事的魅力，只要听过一次就不会忘记。而只有记得住的内容才能进行二次传播，才能让听众自动自发地分享和转述。就像精彩的视频一样，人们会习惯点赞、评论和转发，这样才能被更多的人看见和听见。

不被记住的讲解是不成功的讲解，不被二次传播的故事不是优秀的故事。对于政务接待工作来说，让嘉宾记住讲解者所讲的内容是判断讲解成功的重要标志，否则本次接待对于嘉宾而言就是走马观花，到此一游却又不留一片云彩，起不到城市/企业宣传推广的作用。

四、故事可以做到情景再现

讲解的内容跟故事内容的底层逻辑是一样的，都是对一件往事的叙述。既然是"往事"，一定是已经发生的事。但问题是绝大部分听众并不是这件"往事"的亲历者或者见证者。既然没有亲历或者见证，那么对这件"往事"必然存在认知障碍，所以单纯就事论事往往很难引起听众共鸣。此时，故事的重要性就再次体现了。通过故事将"往事"像视频一样在听众面前进行情景再现，从而让听众更有代入感，仿佛亲身经历一般，不仅有助于听众理解事件，更容易让听众留下深刻印象。

人类的悲喜并不相通，甚至人类对温度的感知都不尽相同。事实上，实际生活中还存在教育背景、成长环境、工作及人生经历的差异，更容易让我们对同一件事产生相距甚远的看法。但人类共有的情感是一致的，一样会被真诚的事物打动，一样会被光荣与梦想折服。故事通过情景再现达到情感共鸣，起到加深印象、帮助理解、获得认同的作用。试想，如果不能让听众感同身受，故事中的人物事件如何立得住，又如何能打动人呢？没有情景再现，何来感同身受？

思路 2　注意讲故事的误区

一、单纯按照时间罗列事件

写讲解词人物故事时，有些人常用流水账的方式按照时间罗列人物生平事迹，仿佛此时不是在写故事，而是在给故事的主人公做"求职简历"。对于这种情况，我们的首要任务是对人物生平故事进行筛选，找到他人生中的高光时刻，将与此相关事件的来龙去脉说清楚、讲透彻，不求大而全，做到小切口讲好故事，小而精、小而美即可。

即便是历史事件也应如此。毕竟讲解词不是论文稿，更不是长篇巨著，无须大事小事"眉毛胡子一把抓"全部记录在册。如此连篇累牍，不仅讲解者难以背诵讲述，听众也找不到重点，分不清主次。

二、故事里只有主角，没有他人

优秀的文学作品，基本都有人物群像。无论是四大名著，还是优秀的当代都市剧，里面的人物都塑造得丰满立体、千人千面，即便是一个微不足道的配角，也生动鲜活，让人印象深刻。正因如此，随着众生相的不断推进，情节层层递进，才能让主角的故事更加精彩。

可我们自己讲故事时，却往往忽略"好花还需绿叶衬"的道理，只沉浸于主角的一言一行当中，费尽心思却只树立了一个如同空中楼阁一般不真实的主角。当故事中只有主角而没有其他人的时候，这个主角的人生经历就变得扁平化，故事也就变得单调乏味，缺乏吸引力。

三、只列举事件，没有人的情绪

人拥有七情六欲，当事情发生时，人的情绪也会随之上下起伏。在不同的事件面前，不同的人有不同的感受，同样因为考虑权衡的东西不一样，所做出的选择也不同。

可以说，层出不穷的事件也在不断塑造我们的性格，改变我们看世界的角度和对待世界的态度，故事中的人物也如此。因此，当我们讲故事的时候，如果忽略了人物的情绪变化，则无法塑造一个有血有肉的人物，更无法让听众有代入感并产生共鸣。

四、错把总结汇报当成故事

在实际接待工作中，撰写讲解词初稿的人往往不是一线接待人员，因此，在撰稿时依然是按公文写作的总结汇报思路进行。讲解词往往更像是领导的发言材料，而不是讲解者在参观考察过程中的讲解词；措辞偏重书面语，偶有晦涩难懂的专业名词，上下文内在逻辑不强，不仅不便于记忆背诵，还不易留下记忆点。

思考

☆ 以下讲解词在故事撰写中有哪些误区？

（以下内容仅为举例，无特指）

永不"退役"的指导员——张××（片段）

……张××同志 1973 年 5 月入伍。1979 年 2 月，他带领的连队屡立战功，他本人荣立二等战功。转业后，他从企业普通办事员升至负责人，后因企业改革下岗，带领下岗职工再就业，先后安排数百名退役军人就业，并创办全省首家免费培训退役军人就业技能的培训中心，又帮助几百名退役军人创业。

退休后，他说他要做的事情还有很多，又担任××市××区"红色老兵"思想政治指导员，一是用红色基因坚定退役军人跟党走的信念，推动××街退役军人实现"矛盾不出街"；二是牵头组建"××街精神传承连"志愿服务队，凝聚退役军人力量，做好红色文化宣讲员、社会秩序维护员、交通安全劝导员、经济发展领航员、矛盾纠纷调解员、帮扶解困勤务员，累计开展 20 余类志愿服务 560 场次，服务群众超万人；三是挖掘退役军人潜力，培育了一批退役军人行业模范。

…………

思路 3　掌握听众的心态

其实普通听众对讲解者讲述的内容并不如我们想象中那么在意。一般人会在意的事物有三点：是否与"我"相关？"我"是否感兴趣？能否让"我"产生情感共鸣？而这三点无一例外均谈到了"我"，即人们最在意的还是"自我"。所以在撰写讲解词的时候要转换思路，从听众角度出发，想办法找到与听众关联、互动、链接的内容，这样才能更有针对性地写好讲解词中的故事部分。

一、与"我"相关

他人讲述的内容涉及听众切身利益时，听众才会比较关心。比如，同事在讲述公司即将出台的一项新福利政策，或社区工作人员在说关于本小区物业费调整的事宜，或政府公布一项与电动车有关的政策法规等，这些直接关系听众自身经济、生活便利等方面的信息，他们往往会认真倾听并关心细节。

二、"我"感兴趣

如果他人讲述的是听众感兴趣的领域或话题，也会引起关注。例如，一个摄影爱好者在讲述他最新的拍摄经历和拍摄技巧，同样喜欢摄影的人就会很关注他讲述的内容；或者讲述内容恰好是听众擅长的专业领域，也一样能够获得充分的关注。

三、让"我"产生情感共鸣

当讲述的内容能引发听众情感上的共鸣时，听众会比以往更加关心和投入。例如，有人讲述自己在创业期间遇到的困难并努力克服的过程时，那些有过创业经历的人就会感同身受，同时非常关注整个过程，甚至会因为产生共鸣而与讲解者交流自己的感受和经历。

思考

☆ 在故事撰写中，嘉宾最在意哪种内容？

在政务接待工作中，往往是讲解到与本次考察活动密切相关的内容，或与主宾工作经历、人生经历特别契合的内容时，对方才会听得特别仔细和认真。在众多感兴趣的方式中，"情感共鸣"最能打动人，也最让人印象深刻。因此，故事撰写的最好效果是"以情动人"，让人通过感情实现交流，从而达到"心灵的高峰体验"，拉满情绪价值。

思路4 找对故事事半功倍

在复述人物话语的时候，不仅要解释话语字面的含义，更要解释是何时、何地、因何事让人物有感而发。学会刨根问底，深度思考，深挖事件、工作、文物、建筑、现象、文化背后潜藏的故事，通过找"关联"、找"背景"、找"结合"，寻找不为人知的线索，选择适合的角度，以小见大讲故事。

写故事要从原来的"4个 W（when 什么时间，where 什么地点，who 谁，what 什么事情）"转换思路改成问问题，不断追问"为什么"。通过不断问问题，收集大量与人物、事件相关联的资料，从而整合出合适的内容，寻找合适的角度，写出让人耳目一新的好故事、新内容。

找故事的时候要注意以下事项：

1. 正面宣传，注意推广

在政务接待中，讲解以正面宣传成果、成绩、先进经验为主，在收集资料的时候要围绕意识形态的要求，谨防"低级红高级黑"的素材和资料，避免出现看上去好像是表扬，实际却含有负面评价，情况严重的甚至容易造成舆情的材料。

2. 有歧义的不讲，有争议的不讲，有疑惑的不讲

政务接待人员不仅是城市故事的传播者，更是意识形态工作的重要保卫者。"意识形态工作是为国家立心、为民族立魂的工作。做好意识形态工作，事关党的前途命运，事关国家的长治久安，事关民族的凝聚力和向心力。"政务接待人员要深

刻认识到自己身上的重任，在讲解的时候慎选材料，做到积极维护与推广城市形象，凡有歧义的不讲、有争议的不讲、有疑惑的不讲，不知道对不对的更不能讲。

3. 结合时事热点选择讲解材料

当前国内国际局势变化迅猛，中国正处于百年未有之大变局中，作为一名优秀的政务接待人员，要学会看《新闻联播》，从天下大事到地方时事均有所了解，从而在接待与讲解前结合当前热点筛选合适的讲解材料，做到与时俱进且富有地方特色。

第 *8* 章

讲解词中故事撰写的方法

讲解词绝非简单的信息堆砌，而是以叙事艺术活化知识的桥梁，更是激发情感共鸣的媒介。一则优秀的讲解故事能使听众身临其境，将抽象概念转化成可触可感的生动体验。要创作出这样的讲解词，既需要精巧的构思，更离不开专业的方法论支撑。

方法1 找到写故事的动机

一、灵魂三问

写故事不能为了完成任务而敷衍了事，如果所写的故事不能打动自己，也肯定不能打动听众。写故事之前，不妨问自己三个问题：你相信的事是什么？你在意的事（东西）是什么？你想改变什么？

通过与自我沟通，加上平时工作和生活中的观察所得，进行深度思考：有什么你特别在意的事（东西）？这些与你接触的哪些人事物有所关联？对你有何触动和影响？以此为目标，寻找写故事的动机，让写故事变成自己抒发情感的一种表现形式，减轻创作的压力和难度。

小贴士

"灵魂三问"其实暗含答案：

第一问，你相信的事是什么，其实暗含着你不相信，听众也不会相信。

第二问，你在意的事（东西）是什么，其实暗含着你不在意，听众也不会在意。

第三问，你想改变什么，其实暗含着你都不感动，听众更不会被打动。

"不是因为看见才相信，而是因为相信才看见。"讲你所相信的，相信你所讲的，相信相信的力量比什么都重要。

二、清楚动机背后的主题

写故事的动机中其实暗含了你想写的故事的主题。故事是讲道理最好的方式，所以故事的主题其实就是我们想讲的"道理"。通过故事展示"理想与信念""牺牲与奉献""光荣与梦想"等，更通过故事展现成绩、成果、成就背后的艰苦奋斗过程，这样的故事才发人深省、引人思考。

方法 2 用好开场白

好的开场白是成功的一半。好的开场白对政务接待和讲解有什么重要作用呢？如何能在开口 3 分钟内吸引听众的注意力？

一、优秀开场白的作用

1. 吸引注意

在讲解过程中，听众的注意力很容易被周边环境和信息干扰，而通过设置优秀开场白，可以在一开始让听众把注意力迅速聚焦在讲解者讲述的内容上，激发其兴趣，使其产生强烈的好奇心，从而更愿意继续倾听下去。

2. 增强记忆

优秀的开场白会给听众留下深刻的印象，因为人们往往对那些引起他们好奇心和情感变化的事物记忆深刻。这种深刻的记忆有助于他们更好地理解和记住后续讲解中所传达的主要内容。

3. 引导思考

优秀的开场白可以帮助听众主动思考，尝试去猜测和推断讲解内容背后的结果。这种深度的互动思考过程能使他们更深入地参与活动，而不仅仅是被动地接收相关信息。这有利于提高他们对信息的理解和消化程度，使他们更全面地掌握情况。

4. 营造氛围

一个具有冲击力的开场白可以瞬间点燃现场气氛，调动听众的情绪，使他们更加投入和专注，为后续的内容传递创造积极、活跃的氛围，增强听众与讲解者之间的互动和共鸣。

5. 突出重点

将重要的信息或关键内容前置在开场白中，可让听众在一开始就对内容概况有一个清晰的认知，厘清思路，掌握全局，更好理解后续详细的讲解内容，提高信息传达效率。

二、优秀开场白的三种设计方法

1. 设置悬念

美国卡内基梅隆大学行为经济学家乔治·洛温斯坦提出的"知识缺口理论"，主要阐述了人们在信息获取和认知过程中的一种心理现象。该理论认为，当人们意识到自己的知识存在缺口时，会产生一种心理上的不适或好奇心，这种感觉促使他们去寻求信息填补缺口，以消除不适并获得心理上的满足。而这种对自己不知道的事情的探索，在讲解设计中就可归纳为开场白的设置悬念法。

何为设置悬念？设置悬念就是在开场的时候通过特定的语言、情境或问题制造一种令人好奇、疑惑的氛围，从而更好地激发听众的好奇心和求知欲，紧紧抓住他们的注意力，促使他们想要进一步了解后续的内容。

具体可采用以下方法来设置悬念：

第一，直接提出问题。直接提出一个引人深思、充满悬念的问题，让听众在心中产生疑问和好奇。例如，在一场关于科学与未来的讲座中，可以这样设计开场白："大家有没有想过，如果有一天地球不再适合人类居住，我们该何去何从？火星会是我们的第二个家吗？"

例：

屠刀前的遗愿——谢伦（郭敏华）

如果人生走到尽头，你最后的愿望是什么？是希望人生再来一次？是希望家人日后平安顺遂？还是希望能跟最爱的人道别呢？95年前，当敌人准备处决他时，他最后的愿望是希望比自己的父亲晚死一步。这个人是谁呢？他为什么会跟自己的父亲一起被逮捕呢？

第二，讲述神秘事件或现象。描述一个奇特、神秘的事件或现象，引发听众的好奇心和探究欲。

例：

喀纳斯湖导游词（韩琦）

有人说喀纳斯湖有水怪？没错，喀纳斯湖确实有水怪。

当地图瓦人平常放牧的牛马羊在湖边喝水，莫名其妙就失踪了。据说这水怪在黎明或黄昏时分出现，但谁也没有真正见过那水怪的模样。有人说，当年成吉思汗的遗体沉没在喀纳斯湖中，图瓦人的守卫就化作水怪，守护大汗的遗体，但这种说法没有得到考证。

1985 年，新疆大学生物系专家考察组来到了喀纳斯湖，他们用高倍、高清的望远镜看到了湖中长达 15 米的大红鱼，多的时候达到 60 多条，成群结队。但这究竟是不是传说当中的喀纳斯湖水怪呢？有待考证。真正的答案需要待会儿我们一同走进喀纳斯湖去探个究竟……

第三，设置矛盾冲突。呈现一种看似矛盾或不合常理的情境，让听众感到困惑和好奇，想要了解其中的缘由。

例：

用生命践行入党誓词的共产党员——杨匏安（沈莉莉）

民国时期，如果每个月给你 300 大洋的工资，相当于现在百万年薪的水平，但前提是要放弃你的理想和信念，你愿意吗？如果我告诉你，当年有人拿着百万年薪身居高位，可他去世之后家人不仅无以为继，甚至还要把孩子送到孤儿院去寄养，你相信吗？这个人是谁呢？他就是中国共产党早期优秀的理论家和杰出的革命家，华南地区系统介绍马克思主义的第一人——杨匏安。

2. 爆点前置

爆点前置是一种在开场白时将最精彩、最吸引人、最能引发听众兴趣的内容或关键信息率先呈现出来的技巧。例如，观看大片的时候，影片一开场就是通过航拍、大景等各种方式呈现恢宏气势，让人震撼、热血沸腾。讲解者通过这种方式，能够迅速抓住听众的注意力，为整个讲解活动营造出热烈的氛围和良好的开端。

采用爆点前置技巧时，一方面可以利用惊人的事实数据或成绩，即开场时直接抛出一个强有力的事实、数据或荣誉，让听众在短时间内受到强烈的冲击。

例：

广东海上丝绸之路博物馆（沈莉莉）

大家好！欢迎来到中国首个水下考古专题博物馆——广东海上丝绸之路博物馆参观。

博物馆坐落在广东阳江，是以"南海Ⅰ号"宋代古沉船为主题，展现水下考古现场发掘动态演示过程的博物馆，总建设面积 1.75 万平方米，馆内保存的"南海 I 号"是迄今为止海上丝绸之路航线上发现文物最多、保存较完整的古代沉船。

另一方面，可以节选精彩的故事片段，即展示一个故事中最精彩、最扣人心弦的片段，让听众迅速沉浸其中，产生强烈的情感共鸣和好奇心。例如，"在那个暴风雨交加的夜晚，他独自一人站在悬崖边，背后是穷追不舍的敌人，而眼前是波涛汹涌的大海，他该如何抉择呢？这就是我们今天要讲的主人公所面临的生死危机"。

当然，也可以提出一个与众不同、新颖独到的观点或见解，激发听众的兴趣和交流的意愿。例如，"有人说，失败是成功之母，但我认为，成功才是成功之母。为什么这么说呢？接下来我将为大家详细阐述"。

小贴士

在采用"爆点前置"列举成果、成绩、成就、亮点、特点的同时，要注意做好横比和纵比。可以选择同类型的机构、城市、企业进行比较，通过比较加深听众心中对成绩的印象及提高认可度。在进行横向、纵向比较的同时，注意选择对比的对象，要跟优秀的城市、企业、地区比，不要跟落后地区进行对比。

例：广州全市总面积约 7434 平方公里，面积到底有多大呢？在国内，广州的面积相当于 3.7 个深圳、4.3 个厦门、6.7 个香港、226 个澳门；如果跟世界上的大城市相比，广州的面积相当于 3.3 个东京、4.7 个伦敦、9.4 个纽约、70.8 个巴黎。

3. 即兴开场

这是在没有展开介绍预先准备的讲稿前，讲解者根据现场的氛围、听众的特点和当时的情境等因素，临场发挥、即时创作的一种开场白方式。它要求讲解者具备敏锐的观察力、快速的思维能力、良好的语言表达能力和共情能力，在短时间内选择最合适的语言来进行开场，从而吸引听众的注意力，为接下来的讲解或交流打下坚实基础。

即兴开场具体可采用以下几种方法：

一是从身边人身边事开始讲起，即从目光所及的人、事、物和周边环境的变化开始讲起，让大家将注意力集中到讲解者身上，为后续的讲解创造良好条件。

例如，在一次推介活动中，适逢下大雨，导致活动延期，开场时可说："正所谓'贵人出门招风雨'，今天早上是黄色暴雨信号，但大家还是从四面八方聚在了一起，参加我们今天的乡村振兴推介会。感谢大家对我们工作的支持。乡村兴则国家兴，广东人讲水为财，而今天早上的大雨看来也预示着我们今天会议的成功。先提前祝在座的各位企业家、乡村振兴带头人，在国家和地方政策的大力扶持下，货如轮转，赚得盆满钵满！乡村振兴一路长虹！"

二是讲述个人感受和经历，即把现场的场景，结合自己当下真实的感受、体会分享出来；或结合当天的主题，分享一段与主题相关的亲身经历，让自己与听众的感受、感情同频共振。

例如，第一次到西双版纳的雷达站考察时，可把自己对当地的真实感受——山路弯曲、驻地艰苦、环境较差，又是如何被战士们为国戍边、牺牲奉献的精神所打动做一个开场白分享。

三是结合热点话题，即将当下的社会热点、新闻事件或流行趋势等，巧妙地引入开场白中，让听众感觉到与讲解者处于同一时空，有着共同的关注点，从而拉近与听众的距离。

例如，在一场广东环境保护考察活动中，讲解者可从即将举行的中华人民共和国第十五届运动会与第十二届残疾人运动会暨第九届特殊奥林匹克运动会（残特奥会）的吉祥物喜洋洋、乐融融讲起。这两个吉祥物是以"海上国宝"中华白海豚为原型设计的。中华白海豚素有"水上大熊猫"之称，珠江口是中华白海豚全球最大的栖息地，拥有超过 2000 头的种群数量。由此再引申到原本要讲解的环境保护生态平衡的考察内容上。

四是通过提问法互动，即提出一个与主题相关的问题，引发听众的思考和讨论，从而自然地进入主题。与讲解词开场白部分设置悬念有异曲同工之妙。

五是上升到使命和责任，即从全局和考察主题着眼，结合考察点的意义和历史沿革，谈到本次活动的主题。但一般这种方法是考察活动中的重要嘉宾或领导才会使用，讲解人员使用时需注意措辞和上下文的衔接，以免弄巧成拙。

例如，到西双版纳的雷达站考察时，可以从雷达站地处三国边界、戍边战士责任重大、使命光荣说起，再说说前辈们的艰苦奋斗、部队的光荣传统等。

小贴士

即兴开场对讲解人员的心理素质和综合素养要求较高，要想做到既生动自然又契合场景，日常发言或讲解中就要进行训练，通过反复思考打磨锻炼自己的临场发挥能力。同时，在面对重要嘉宾的接待时，要学会调整心态，以轻松、平静、自如的状态去面对，这样才能真正做到事半功倍。

方法 3 围绕冲突展开描写

"文似看山不喜平。"无论是优秀的影视剧作品，还是经典的小说，或是优秀的故事，基本都围绕一个又一个"冲突"不断展开剧情。看文章仿佛爬山一般，不断翻越一个又一个山头，遇到不同的人、事、物，看到不同的风景，得到不一样的体验。

人类历史上一切故事的核心事件可以概括为一句话——冲突颠覆生活。而故事就是一系列由冲突驱动的动态递进事件，在人物的生活中产生意义重大的改变。

冲突指的是两个或多个相互对立的力量、观念、利益、意志等之间的矛盾、碰撞和干扰，在故事中指的是不同力量之间的对立或矛盾。这种对立可以是内在的（角色内心的斗争）或外在的（角色与外界环境或他人的冲突）。冲突是推动故事发展、塑造角色和吸引观众兴趣的关键。

一般讲解词中涉及故事的常见冲突分为环境冲突、工作冲突、生活冲突、内心冲突四种类型，其中，环境冲突与内心冲突、工作冲突与生活冲突往往是同时出现的，同时出现的冲突（这里姑且称为"极致冲突"），更容易展现出故事的主题，推动故事的发展。

一、环境冲突

环境冲突一般是指人物与外部自然环境或社会环境之间产

生的矛盾。自然环境冲突包括恶劣的天气、危险的地形等外部因素给人物带来的潜在危险和阻碍；社会环境冲突则包括社会制度、文化差异、民族风俗、传统习惯、思维观念等方面给人物带来的约束或挑战。

例如，"大山的女儿"黄文秀生前在广西壮族自治区百色市乐业县新化镇百坭村担任第一书记。多次极端天气带来的潜在自然灾害，给其驻村工作带来了极大的挑战和不便。她因担忧暴雨可能危及村庄安全，连夜赶回时不幸遭遇山洪而牺牲。

又如，"燃灯校长"张桂梅在创办女子高中期间，不仅要解决办学资金匮乏、师资不足等现实困难，更要冲破当地落后观念的束缚，如重男轻女、早婚早育等，这些观念使得许多女孩被迫中断学业。

二、工作冲突

工作冲突是指发生在工作场合或环境中的矛盾，包括同事之间、上下级之间、工作任务与个人能力或个人意愿之间的不匹配、不一致。

例如，在侦探剧中，往往会出现因对案情判断不一导致冲突出现的情况。在真相大白之前，无法提前判断哪一个方向才是正确的，因此团队成员中常见激烈争执，甚至出现互不理睬、互不相让的情况。

三、生活冲突

生活冲突是指围绕故事中人物的日常生活展开，包括家庭关系、亲子关系、邻里关系、经济状况等方面的矛盾。

例如，在电视剧《小巷人家》中，阿婆在年夜饭时询问庄图南毕业后的打算，希望他能关照即将升学的弟弟振北，让其进入自己的单位工作。而妈妈黄玲则支持儿子庄图南考研深造，追求自己的理想。两代人对于庄图南的职业规划产生了明显的分歧，反映出传统观念中重视家族利益与现代年轻人追求个人发展之间的价值取向差异和职业规划分歧，这既是代际观念冲突的体现，也是生活中诸多矛盾的一种表现形式。

四、内心冲突

内心冲突是人物内心世界的矛盾，通常是人物在面对道德抉择、情感困境、自我认知等问题时内心产生的挣扎。它是一种更深层次的冲突类型，从侧面反映了人物性格的复杂和深度。

例如，在小说《平凡的世界》中，孙少平追求爱情和理想时，内心也充满了矛盾。他深爱着田晓霞，但两人身份地位的差距使他在爱情面前感到自卑。同时，他不甘心在农村度过自己的一生，渴望去外面的世界闯荡，可是又放不下家庭责任。这种在爱情与亲情、理想与现实责任之间的内心冲突，充分展现了人物丰富的内心世界和复杂的情感。

五、极致冲突

1. 工作冲突与生活冲突

工作和生活是两个紧密相连的重要领域。工作冲突往往会渗透到生活中，而生活冲突也可能反过来影响工作，从而形成一种相互纠缠的复杂冲突状态。常见的问题如"如何平衡家庭和工作"等。

2. 环境冲突与内心冲突

当人物面临严峻的环境冲突时，这种外部压力往往会引发内心的挣扎，从而导致内心冲突。环境冲突会对人物的生存、价值观和情感产生冲击。而内心冲突则是人物在应对这种冲击时内心不同观念、情感相互碰撞的结果。

例：

英雄领航　践行梦想（牛琳琳）

王继才说："子要尽孝，父要尽责。但我的家人都理解，忠是最大的孝和责。"岛上营房的门上有一副对联："甘把青春献国防，愿将热血化丹青。"这是王继才专门找人写的。岛上的旗杆被海风吹坏了，他急得顾不上睡觉，连夜修好旗杆。有人问他："没人要求、没人监督、没有人看，你为什么还要这么较真？"王继才说："守岛就是守家，国安才能家安。"岛再小，也是 960 万平方公里国土的一部分。国旗插在这儿，这儿就是中国。爱国不是遥不可及，平凡人也可成为英雄。

　　鱼与熊掌不可兼得，在面对"困难""问题""逆境""低谷""挫折"时，人们的选择往往能彰显人性的光辉和伟大，体现理想和信念的力量。而冲突正是呈现故事核心思想、引发听众共鸣的最佳方式。

方法4 注重故事细节描写

细节是指故事描写中对人物、环境或事件的某一局部、某一特征、某一细微事实所做的具体、深入而又细致的描写。它是刻画人物性格特点、推动情节发展、揭示主题思想、展现故事场景的重要手段。通过细节描写，能够使故事显得更加真实、生动、形象，让听众产生身临其境的感觉。

只有细节才能立得住人，只有立得住人，才立得住故事。

讲解故事中的细节主要表现在以下几个方面：

一、人物细节描写

人物描写细节描写包括对人物的外貌、表情、服饰、发型等方面的细致刻画，这一描写能让听众快速在脑海里产生人物的立体形象。

例：

心怀大爱勇担当！致敬"齐鲁时代楷模"白晓卉
（闪电新闻）

"我就是一名很普通的劳动者。"站在自己的先进事迹展板前，白晓卉戴着眼镜、温文尔雅，甚至显得有点羞涩。

谈起工作中遇到的困难和挑战，她说："穿着里三层外三层的防护服，护目镜上会有很多汗水，有时候实在看不清，只能从边边角角看。"

事实上，作为离病毒最近的人，她面临的困难远不止于此。每次检测工作都要持续数小时，其间不喝水、不吃饭、不上厕所，加上防护服厚重封闭，一轮检测下来，往往汗水浸湿了衣服，脸上布满了护目镜的压痕。

二、动作细节描写

动作细节主要是通过细致地描绘人物当时的动作和行为，展示人物的性格和心理状态。

例：

烈火中永生（季文静）

……意外发生了！一个装满 20 公斤的酒精大瓶瓶底突然断裂，酒精"哗啦"一下流淌出来，流向了车间内 10 个火红的煤炉，一接触到煤炉的热气，酒精瞬间燃烧，火苗"唰"地蹿起，迅速蔓延……千钧一发之际，向秀丽在用帽子、围裙阻止火势蔓延无效之后，她直接侧身卧地，用身体截住了燃烧的酒精，截住了酒精流向金属钠，截住了蔓延的火焰，火苗扑向了她那沾满酒精的身躯，她瞬间变成了一个火人……

三、语言细节描写

语言细节描写主要是通过描写人物的语言，来展现其身份、性格和情绪的变化。

例：

巾帼英雄——游曦（苏香旭）

……这是又一次的战斗间歇，阵地一片死寂，游曦知道，决战的时刻到了，她遥望着家乡，眼里含着泪，轻声地唤着："妈妈，永别了……"

她看着身旁负伤的战友，指着飘扬在阵地上的红旗，坚定地说："同志们！我们子弹打光了，就到敌人的尸体中去捡，只要有一个人活着，就要高举这面红旗，与敌人拼到底……"这时，敌人又疯狂地扑了上来，游曦率领女兵班冲出了战壕……全部阵亡。

四、心理细节描写

心理细节描写主要是对人物内心活动的深入描写，它能让听众直接了解人物的想法和心理变化。

例：

清香如兰　生命辉煌（郭薇）

2008年5月12日14点28分，震惊世界的汶川地震发生了……刚到县城，兰辉便得知母亲遇难的消息，看着满目疮痍的县城，看着四处呼救的群众，他强忍心中的悲痛，把对母亲的爱化作对百姓的大爱，全身心投入抢险救灾中。多少次，他路过母亲遇难的地方，仿佛听到母亲在呼喊"辉儿，救救妈妈……"，可是为了更多的百姓，他不敢看、不敢停，更不敢想……

五、环境细节描写

环境细节描写主要是指对自然景物、社会环境的细致描写，从而起到烘托气氛、衬托人物心情或展现时代背景或人物所处的艰难环境等作用。

例：

一件羊皮裤子（刘佳浩）

……1941 年，日军对大青山实行"囚笼"政策。交通要道被堵塞，物资供给被切断，只要是游击队停留过的村庄，就会惨遭日军的屠杀。敌人的围猎迫使王建功和队友们几乎天天转移。寒冬腊月里，没有房屋挡风，没有棉衣御寒。零下 30 多摄氏度的夜晚，他们点上柴草，烧开冻土，刨开一人大小的土坑，架上木棍，盖上干草，做成一个简单的"茅庵"。为了保护百姓，他们就缩在茅庵里熬过一个个寒夜。而军民之间从来都是双向奔赴。为了提供线索，老乡们冒着生命危险送信放哨；为了掩护行动，老乡们让羊群跟在队伍后，将马蹄的印迹搅乱。当时王建功身患肺病，在茅庵里不停咳嗽，强忍病痛折磨。冰天雪地的绝境里，老乡们杀掉了家里唯一的羊羔，把羊皮做成褥子，送给了王建功。这件褥子，承载着老乡们对他的牵挂。从此，在茅庵里，这件褥子陪他挨过寒冬，御寒保暖；在战斗中，这份牵挂使他充满勇气，心无所惧……

六、事件过程细节描写

事件过程细节描写是指对事件发展过程中的具体环节进行细致描述，使情节更加丰富。

例：

英雄鲜血染红的五星红旗（沈莉莉）

……大家把红旗藏到地板下面，期待着高举红旗一起冲出去的那天。

只可惜，他们等来的不是解放，而是血腥的屠杀。11月27日下午，刽子手们把王振华一家从牢房里押出来。母亲黎洁霜向特务们说道："你们枪毙我们可以，给我们多打几枪，但能不能把孩子留下？他们还小呀！"谁知特务恶狠狠地说："不行！小崽子一起枪毙！"黎洁霜忍不住痛哭起来。王振华一家四口死的时候，夫妇俩各抱一个孩子，孩子的小手搂在大人的脖子上，子弹穿过孩子的胸部，腰部以下全都打烂了……

　　而渣滓洞的情况则更为惨烈。特务们将关押在渣滓洞里的难友集中在 8 间牢房里，把牢门锁上，用机枪疯狂扫射，然后打开牢门，逐个补枪。刽子手们补枪时，双脚受伤的陈作仪，突然愤怒地站起来说道："你们冲着我的头打好了！"他牺牲时，仍在高呼着"打倒国民党法西斯"……

　　屠杀一直持续到 28 日凌晨 3 点。刽子手们最后浇上汽油，放火焚烧。这一天，新中国已经成立 57 天，离重庆解放只差 3 天……

七、事物局部描写

　　事物局部描写是指通过对事物、器皿、文物、物品等特征、特点进行细致的描写，从而更好地勾勒出在听众脑海中的想象画面，帮助听众理解和认识事物的基本情况。

例：

金漆辉映·游子寻根（全丽静）

　　……神龛是广东潮汕民间供奉祖先牌位的特制礼祭器具，多放于祠堂内，敬宗祭祖，追本溯源。您现在看到的大神龛，两扇门由十二块花板和金漆画装饰而成，龛门的内外两面均为装饰的重要部位。除镂空雕"松鹤延年""博古瓶花""喜上梅梢"等吉祥图案外，还有推光红彩金漆画"六国封相"人物故事，寓意家族权势显赫、飞黄腾达。还刻有经典的潮剧场景，"王茂生进酒"教育族人"为人莫忘本，饮水要思源"，"郭子仪拜寿"期盼子孙满堂、富贵长寿。龛内的龛楣和楣栅装饰葡萄藤蔓纹，寓意多子多福，五扇龛屏则绘金漆画，整体呈梯形摆开，共分上、中、下三部分，上部绘人物山水、亭台楼阁，中部绘花鸟松鹤，下部绘仙鹤、喜鹊等祥禽瑞兽，还装饰有瓶花、香炉、山石等图案。整件大神龛以木为纸，化木成金，人物如生，潮剧戏起，代表了潮州金漆木雕的最高水平，也表达了潮汕人民对美好生活的向往和追求……

在写讲解故事的时候，要相信听众是非常聪明的。如果给听众展现角色细节，他们会自动代入思考，这样能让故事充满可信度，让听众发挥想象力，从而更好地理解故事背后的人物的心理变化，懂得人物的不得已和不容易，此时的故事也将会变得更有力量。

注意，在进行细节描写时，要对行为、场景、画面、特点等具体现象的内容详加描述；可多用动词，少用形容词或者高度概括的方式进行介绍。

方法 5　巧用延展和类比

一、延展

延展是一种深度挖掘的手段。在故事描写中，它指的是基于故事本身的场景、内容、情节等进行详细持续的描述、拓展和延伸，或是将同类型的事件、人物故事梗概同时列举，用以增强内容的厚度和深度，加强听众对故事的理解。

对故事内容进行纵向的丰富和深化，从情节、人物或背景氛围等方面进行拓展，改变故事的规模和复杂程度，可以让故事变得更加生动完整，从而让听众深入故事世界当中。如果把故事看作是一座建筑，延展就像在原有的建筑基础上不断添加楼层和房间。

二、类比

类比旨在借助听众熟悉的事物、行为或情境来帮助他们解释、说明或强化故事中的某个概念、观点或情节，从而更好地理解不熟悉的事物、行为或情境。类比不改变故事的结构，而是在故事内外之间建立起一座理解的桥梁。常见类比形式有事物类比、行为类比和情境类比三种。

因为成长背景、教育程度、工作经历的不同，同样的事物在不同的人眼中会有不同的含义。而在讲解当中，经常会出现专有名词，在向非本行业、非本专业或不同背景、年龄段的人群介绍时，难免会出现对方因为不理解而无法听懂讲解内容的情况，因此，要善用类比的方式进行专有名词的解释和"翻译"工作。比如，在向小朋友讲解"俸禄""田契"时，可采用更通俗易懂的"工资""房产证"等类比方式进行解读，便于他们理解。

例：

那抹永远留在心中的红（刘佳浩）

……我常常在想，当年是什么样的原因让他宁愿舍弃家园和年迈的母亲也要参军呢？是国难当头的英雄本色，是报国救民的信念抉择，还是以身许国的奉献精神？也许这就是他们那一代人的使命和担当。

时代各有不同，青春一脉相承。当年 28 岁的刘尔崧、29 岁的金佛庄、33 岁的向警予和 36 岁的瞿秋白，用自己的青春与生命践行共产党人的信念与忠诚。今天，作为新时代青年的我，更应该珍惜现在的幸福生活，继承二爷爷的革命精神，讲好红色故事，让革命薪火代代相传。

屠刀前的遗愿（郭敏华）

……听到这里，我和父亲都沉默了。太平本是烈士定，不见烈士享太平。多少南海籍的烈士们因为要为中国人民谋幸福的初心，前仆后继，矢志不渝。

从"稍后老父一步而死"慷慨走向屠刀就义的谢伦，

到为了筹集起义经费卖掉祖屋最后牺牲在广州起义中的梁桂华，再到牺牲前留下绝笔信说自己是"笑着死不是哭着死"的张云峰，他们都是中华民族的优秀儿女，是时代的典范。而我能讲述他们的故事，不仅让我的父亲骄傲，我也因此倍感光荣！

广州旅游推介稿（沈莉莉）

大家好，欢迎来到美丽的花城广州。广州，枕岭南，控珠江，望南海，三朝古都，历史文化名城。司马迁在《史记》中记载：番禺，乃全国九大都会之一。在我看来，广州既是个家世显赫的翩翩贵公子，又是个具有人间烟火气的热血青年，在他身上，现代与时尚并美，开放与传统相融。今天，我也想把广州介绍给各位，跟大家一起聊聊广州的故事……

▤ 方法6 结尾注意升华和点睛

《文心雕龙》中提到"首尾周密，表里一体，此附会之术也"，意思是文章的开头与结尾部分要呼应。故事的结尾部分要结合故事的核心进行升华，才具有韵味。讲解词的结尾提炼出一两句画龙点睛之笔或关键性词句，能给听众留下深刻的印象。

一、升华和点睛的作用

1. 深化主题

在讲解词结尾处进行升华和点睛，可以再次深化和强调主题，加深听众的印象。它就像是为在故事／讲解内容里穿行的听众点燃了一盏明灯，清晰地呈现故事／讲解内容的主旨，避免听众产生误解或者困惑，真正实现通过讲故事来讲道理的过程。

2. 引出思考

升华点睛的结尾能够启发听众，引导听众对故事／讲解内容进行更深入的思考，拓宽思维边界。它能促使听众对人生、社会等更广泛的问题进行思考，增加故事／讲解内容的思想深度和价值。通常我们只有"念念不忘"，才"必有回响"。

3. 情感共鸣

升华点睛的结尾可以增强故事／讲解内容的感染力，调动听众的情绪，激发听众对故事／讲解内容人物的理解，让听众

深刻感受故事 / 讲解内容中人物的喜怒哀乐，产生强烈的共鸣，从内心深处觉得自己与故事 / 讲解内容有了紧密的联系，沉浸在故事 / 讲解内容所传达的情感之中。

4. 提升质量

升华点睛的结尾能够让讲解词显得更加专业和有深度。它将讲解内容从简单的叙事层面提升到一个更高的境界，让讲解契合文化传播和讲好城市故事的要求。

二、运用方法

1. 呼应开头

讲解词的开头通常会引出主题或者设置某种情境，结尾的时候与之呼应可以形成一个完整的闭环，让升华和点睛显得自然。一般是回顾开头提到的元素，然后在结尾处将其提升到一个更高的层次。

例：

愿以此身长报国（伍嘉希）

……"才不自矜方致远，静以修身德自传。"96 年的岁月中，彭士禄实现了父亲彭湃没有实现的梦，走完了父亲没有走完的路。2021 年 3 月 22 日，96 岁的他永远地离开了我们，他的骨灰撒向大海，回到了那第一艘核潜艇下海的地方，与他无声的战友一起守卫着祖国的大海。

一代人有一代人的长征，一代人有一代人的担当。两代人跨越百年，只为实现同一个理想，而他们的人生选择，都树起了时代的精神路标。昔日革命先辈以吾血守山河如故，而今吾辈青年以热血壮盛世中华！让我们的青春在为祖国、为人民、为民族、为人类的奉献中焕发出更加绚丽的光彩！

2. 归纳总结

讲解过程中会列举很多具体的事例、细节和数据。结尾时，可以对这些内容进行归纳，提炼出一个更高层次的主题，通过过渡让升华自然发生。

3. 运用修辞

通过比喻、排比等修辞手法让结尾更加生动形象，实现升华和点睛。

4. 融入情感

结尾处融入情感，可以是对所讲人物对象的赞美、对未来的憧憬、对价值观的坚守及肯定等，将情感的纽带与更高层次的理念联系起来，让升华更加真挚动人。

5. 提出问题

在结尾处提出问题，通过"自问自答、我问客答、客问我答"等多种互动方式与听众就故事／讲解内容进行探讨，在升华主题的同时，让听众进一步思考，自然而然地参与讲述内容的深化过程中。

例：

永不凋谢的木棉红——周文雍、陈铁军（沈莉莉）

……今天，当我们为这两个年轻的生命逝去而感到悲痛的时候，其实，我们是否想过，当年，周文雍和陈铁军原本可以不用死？他们难道不知道回广州会危险重重吗？他们难道不知道此去也许就是永别吗？他们知道。但是他们还是义无反顾地回来了。这是为什么呢？因为他们坚信他们是在为最广大人民群众的幸福而努力，他们是在为未来理想的社会而奋斗，中国共产党就是能带领他们走向理想社会的坚强组织。所以，他们在面对生死抉择的时候，依然选择坚守自己心中的信仰。这就是信仰的力量。那么在座的各位，你的信仰还在吗？

三、善用"金句"

金句，是指那些富有哲理、情感丰富、语言精练的句子。它们往往能够一针见血地揭示事物的本质，或以独特的视角触动人心，引起听众共鸣，使之久久不忘。比如，法国思想家、文学家罗曼·罗兰曾在《米开朗琪罗传》中说过这样一句话：

"世界上只有一种真正的英雄主义，那就是看清生活的真相之后，依然热爱生活。"这一金句至今仍广为传诵。以下有几种方法可以实现金句创作。

1. 学会深度思考事物本质

养成在生活中、工作中问"为什么"的习惯。看到事情、发现问题不要着急去下定论，不要被过往的人生经历束缚，更不要被瞬间的情绪攻克，而应该冷静地思考"为什么"，思考这件事情为什么会发生、它的表象就是事实的全部吗、当事人为什么这么做等。

正如埃隆·马斯克非常推崇的苏格拉底反诘法一样，就是用不断的提问进行深度思考和反思，通过提出问题、深挖细节、揭示矛盾、引发思考、重复循环的步骤进行深度剖析，最终拨开云雾见青天，找到底层逻辑。

2. 结合自身经历进行共鸣

以个人真实的体验为基础，将自己的真情实感带入讲解中，与听众进行交流。结合自身经历的句子，因为带有真实的情感，更容易引起听众共鸣。

例如，有人说做旅游真好，天天都在玩。他人是寓工作于娱乐，我们是寓娱乐于工作。但是任何一份工作，只要想做好就不会简单，更不会轻松，旅游行业也是一样。

3. 善于使用不同的修辞手法

一方面，可以使用比喻、拟人、夸张等修辞手法，把抽象的事物形象化，或者把非人的事物赋予人的特征等，从而营造生动、形象的画面感，加深听众的印象。

例如，广大干部特别是西藏干部要发扬"老西藏精神"，缺氧不缺精神、艰苦不怕吃苦、海拔高境界更高，在工作中不断增强责任感、使命感，增强能力，锤炼作风。

另一方面，可以使用排比句和长短句，使讲解内容更加生动、形象和富有表现力。排比句可以增强表达的观点和语势，而长句可以详细地表达复杂的思想，短句则简洁有力，将排比句和长短句进行结合，能让听众更加印象深刻。

例如，一寸山河一寸血，一抔热土一抔魂。新中国是无数革命先烈用鲜血和生命铸就的。危机时刻，党员先来；危难关头，党员先上。红色政权来之不易，新中国来之不易。

除此之外，还可巧妙引用或化用经典，增加讲解内容的文化底蕴。

例如，尼采说过"每一个不曾起舞的日子，都是对生命的辜负"，可以化用为"每一个不曾在路上的日子，都是对青春的荒废"。

4.常见表达创作金句模板

包括但不限于：不是……而是……，是……而不是……，只有……才……，如果……那么……，只要……就……。

例：

最慢的步伐不是踱步，而是徘徊。

最快的脚步不是冲刺，而是坚持。

哪有什么岁月静好，不过是有人替我们负重前行。

如果信念有颜色，那一定是中国红！

第 *9* 章

讲解语言的表达技巧

在政务接待中，讲解者犹如一座沟通的桥梁，肩负着精准传递信息、全方位展现政府/考察点形象的重任。一位优秀的讲解者，除了自身综合业务能力强以外，还应掌握如何恰如其分地运用语言艺术，像电视台播报新闻的主播那样，通过娓娓道来的方式，让听众在轻松惬意的氛围中了解相关工作成效。

中国人民抗日战争纪念馆原副馆长于延俊老师曾说："有的人说起话来娓娓动听，使人听了全身的筋骨都感到舒服。有的人说起话来锋芒锐利，像是一柄利刃，令人感到十分恐惧。有的人说起话来，一开口就使人感到讨厌，所以人的面貌各个不同，而人说话获得的效果也正像面貌一样各有不同。"同样的一篇讲解词，为什么不同的人讲解出来的效果大有不同？影响讲解效果的因素大多时候是源自讲解者自身对声音的音调高低、节奏快慢、轻重强弱、感情代入等表达能力的驾驭，这种能力在讲解行业里我们称之为讲解语言的表达技巧。

技巧1　把握好讲解的基调

讲解与演讲、诗朗诵有所不同，主要表现在以下两个方面：

一、目的不同

讲解的目的是让听众清楚地理解所讲解的内容，侧重于传授知识、解释说明事物和传递信息。重点在于让听众明白事物"是什么""为什么""怎么样"的过程。

演讲的目的是通过表达明确的主题和观点，影响听众的思想、情感或者行为。重点在于感染、鼓动听众，让听众接受自己的主张，产生情感共鸣或者采取行动。

诗朗诵的目的是将诗歌作品通过朗诵者富有感情的声音、节奏、音调，让听众感受到诗歌的韵味和诗人的情感，从而展现诗歌的美感和意境。重点在于让听众通过朗诵获得审美体验，领略文学艺术的魅力。

二、表达方式不同

讲解一般采用平实的语言风格，用词准确，表达规范。讲解者的语气比较平稳，语速适中，特点是亲切自然、含蓄可信、娓娓道来、张弛有度、恰到好处。

演讲比较富有激情和感染力，音调偏高昂，语速稍快，语言偏口语化，并加上丰富的肢体语言增强表达力度，有一定的表演性和鼓动性。

诗朗诵通过语调的抑扬顿挫、音量的强弱变化、语速的快慢调节来展现诗歌的情感和意境，风格富有变化，情感大开大合，追求通过扮演诗歌中的角色来呈现表演效果。

小贴士

讲解追求的是讲述感，讲述时提起精气神，声音自然，不过分高昂；讲述时要带有感情，声音为传达感情而服务；注意声情巧妙结合，在讲解中做到高音不喊、低音不散，声取其中，气取其深。

技巧2　塑造好声音的方法

一、音量

1.适中稳定

在政务接待中，讲解的音量既不能过小也不能过大。音量过小会让听众听不清内容，特别是在一些空间较大或者环境嘈杂的场合，如在多人交流的政务大厅或者户外的活动场地。而音量过大则会显得张扬，不符合政务场合严肃、庄重的氛围。讲解者应该根据场地大小、人员数量、背景环境、噪声等因素，合理调整并保持稳定的音量，确保声音既能听清又不显得刺耳、难以接受。

> **小贴士**
>
> 在开口做自我介绍或做开场白时，先留心听自己说话的音量，再通过观察听众的反应来进行音量大小的调整。调整到合适音量之后，就可以按照这样的音量进行稳定讲解。

2.灵活调节

讲解过程中可能会遇到环境变化的情况。比如，从户外参观场地步入室内的展厅或会议室时，要及时降低音量；当周围出现突发的噪声干扰时，要快步将听众带离噪声干扰点，同时适当提高音量以保证讲解的连贯性和可听性；在与听众进行互动时，可根据双方的距离和现场的氛围适当调整音量，营造亲切自然的交流氛围。

当然，在讲到重要信息时，为了强调内容，可以适当提高音量，但要注意自然过渡，避免陡然升高，给听众造成不适。

二、音调

1. 平稳庄重

在政务接待中，讲解的内容通常涉及政策法规、工作成果、可喜成绩和变化等主题，庄重的音调是政务场合的要求之一。因此，音调要保持平稳，避免过度的跌宕起伏。稳定气息和平稳音调能够充分体现讲解者的专业与沉稳，塑造可靠的印象，同时有助于听众集中精力理解内容。

2. 富于变化

虽然强调音调平稳庄重，但不代表讲解从头到尾都是一个音调，而是在稳重的基础上，通过适当的变化来增强表现力。在讲解不同的内容时，可以有一定的音调差异。比如，开场时可以用稍高的音调来吸引听众的注意力，主体内容保持平稳音调，而结尾时则可以适当降低音调，给人以沉稳大气又意犹未尽的感觉；在回顾历史或者介绍发展历程时，可适当降低音调，营造一种历史的回溯感。

在日常的训练当中，可以通过音阶练习来提高音调的控制能力。从低音区开始，逐步向上攀升，再慢慢下降，注意每个音调的发声要清晰、稳定。同时可以结合节奏变化来调整音调。在讲解节奏较快时，音调可以随着节奏的加快而适当提高，增强讲解的紧凑感；在讲解节奏较慢时，音调可以相应降低，让听众能够静下心来聆听。

注意，不要为营造音调变化而在每句话的结尾处刻意拉长音调，或将音调故意上扬。这样做不仅不能起到正面的效果，还会显得做作、不自然，让听众产生厌恶感。

三、音色

1. 清晰明亮

在政务接待中，讲解要求做到吐字清晰，不吞音，每个字、词都能让听众瞬间清晰分辨。讲解者要注意吐字归音，尤其是对于一些容易混淆的字词，如平舌音和翘舌音"z"和"zh"、前鼻音和后鼻音"en"和"eng"等。

明亮的音色会让讲解富有活力，展现讲解者良好的精神面貌，让听众感受到讲解者的工作热情。它不是尖锐刺耳的声音，而是一种富有激情、积极向上的声音。运用这种音色尤其是在讲到喜人的成绩、成果时，能更好地传递讲解者喜悦和自豪的情绪。

2. 亲切自然

音色要给人自然而又娓娓道来的感觉，不能让人感觉是在拿腔拿调或者机械式背诵。同时要根据讲解的内容和现场的氛围，融入自己的真情实感，让声音听起来生动亲切，让听众更有代入感。

四、语速

1. 平缓适中

在政务接待中，讲解的语速不能过快，否则听众会来不及理解和消化信息；也不能过慢，容易让听众感觉拖沓和不耐烦。所以节奏的把握非常重要。普通人的语速一般在 150 ～ 220 字 / 分钟，新闻主持人的语速一般在 280 ～ 300 字 / 分钟。讲解者需要在讲述中融入感情，所以一般控制在 180 ～ 210 字 / 分钟。

尤其是在讲解或解读一些复杂的政策条文或者工作流程时，可适当再放慢语速，确保要点传递清晰，同时留出听众理解和思考的时间。

2. 节奏分明

讲解要有一定的节奏感，可以在段落之间、重点与非重点内容之间进行语速的变化调整。通过不同内容的快慢节奏形成对比，加强讲解的层次感，让听众犹如欣赏一首美妙歌曲一般投入其中。

讲解者在讲解中要时刻留意听众的反应，通过听众的反应来调整语速，实现语速变化与听众互动的有机结合。比如，看到听众有些困惑时，可放慢语速，进一步解释；如果听众听得很投入，且内容相对简单易懂，可以适当加快语速，以保持讲解的活力和吸引力。

小贴士

　　讲解与创作传统山水画一样，都是一门艺术，都讲究留白。在讲解中，并不是从头到尾不停地讲才是最好的。讲解者要学会根据所讲述的内容和当时的场景氛围，适当地通过停顿进行"留白"，给听众留出思考和反应的时间，拓展听众的想象空间，提升听众意犹未尽之感。

技巧 3 吐字归音训练有方法

一、学做口部操

1. 打开口腔训练

向上提颧肌（类似微笑的状态），打开牙关（下压用劲，拉开后牙上下之间的距离），挺起软腭发出声音（类似半打哈欠的感觉），轻收下巴（轻轻后收，放松下巴）。"提、打、挺、松"四步骤是一套完整的动作，开口像打哈欠，闭口像啃苹果。

2. 唇部练习

双唇紧闭，突然张开，发出"b、p"的音；双唇紧闭，将嘴角用力向两边咧（似咧嘴笑）发"mi"音，再噘起（似嘟嘟嘴）发出"mu"的音；双唇紧闭，前噘后上下左右 360 度转圈绕行，顺时针、逆时针转圈交替轮换。

3. 舌头练习

双唇紧闭，用舌尖轮流顶住左右两侧的内颊。饶舌：双唇紧闭，舌尖向左、向右轮流做 360 度绕圈。舌打响：连续使用夸张的口型发出"d、t、g、k"的音。

小贴士

为练习舌头的力量，可以将樱桃的梗放进口中，尝试在完全不依靠外界力量的帮助下用舌头将樱桃梗在口中打个结；也可以在口中放一小块糖果，用舌头将它连续翻面。

二、开嗓练习发声

1. 注意日常嗓子保养

嗓子是讲解者的武器，武器只有保养得宜，才能在战场上发挥最大作用。讲解者要根据自己的身体状况，保持良好的饮食习惯，结合天气状况适当调整饮食结构，同时注意保暖，避免过分大喊大叫。讲解前，不吃辛辣、生冷等刺激性食物，以免引起嗓子不适、沙哑等症状，使讲解效果大打折扣，甚至出现无法进行讲解的情况，影响工作开展。

2. 学会使用丹田发声

丹田一般指人体的下丹田，位于脐下三寸左右的区域。丹田发声所依赖的呼吸方式通常是胸腹联合呼吸法，能让讲解者气息稳劲、持久、自如。

小贴士

通过下面两个小方法感受丹田的情况：

一是"说悄悄话"法。尝试用虚声使劲说悄悄话，感觉腹部（肚脐下方大约3厘米处）在发力，发力的部位就是丹田所在的位置。

二是"叹气"法。先吸气，再叹气，这个过程同样是丹田在发力。

> 不管是说悄悄话，还是叹气，都可以用双手置于腹部，去感受腹部的动态和变化。

胸腹联合呼吸法可使用吹气球的方式来帮助理解动作要点：

首先，吸气吸到底，两肋打开，注意不耸肩。

其次，呼吸稳健，徐徐吐气，小腹逐渐放松，两肋逐渐恢复自然。

常规换气节奏可采用句首换气，在句子中间进行少量补充（偷气），句尾留有余气结束的方法进行。注意吸气不要发出声音，换气之后则要发出声音，把气吐完。

通过胸腹联合呼吸法调整气息，在实际运用的时候要学会将气息调节与情感相结合，能够根据讲解内容的情感变化来调节气息。比如，在讲解一场激烈的战斗场景时，可加快呼吸节奏，让声音更有张力；而在表达舒缓的情绪时，气息则要平稳、缓慢而均匀，让声音变得更加柔和。

3. 发气泡音预热

发气泡音指的是喉部放松，缓缓持续小声发出"e"音，类似鱼在鱼缸里吐出的一连串气泡似的声音。通过发气泡音预热声带，做好开嗓的热身运动。

小贴士

发气泡音的要领是喉部放松，气流自然送出，不要发实声，要发似水开了冒泡泡的声音，让声带震颤。

三、吐字归音方法

1. 出字有力

在发音的起始阶段，要做到出字有力。比如，发"b"这个音时，双唇紧闭阻碍气流，然后突然放开，让气流爆破而出，这个过程要干脆利落。对于以"a"开头的音节，如"安（ān）"，要注意"a"的发音饱满、清晰，字头"a"发得有力度，才能让整个字音清楚地传达出来。

2. 立字饱满

音节中的主要元音发音要饱满。以"光（guāng）"为例，其中的"a"是主要元音，要把"a"发得圆润、响亮，口腔充分打开，使这个音节在中间阶段立得住。对于复合元音，如"iao""ou"等，要注意元音之间的过渡自然、连贯，让整个音节的中间部分听起来饱满、充实。

3. 归音到位

音节发音的收尾阶段要归音到位。比如，"n"结尾的音节，舌尖要抵住上齿龈，如"安（ān）"的"n"归音要准确，不能只发了"a"就结束；对于"ng"结尾的音节，舌根要后缩抵住软腭，像"光（guāng）"的"ng"要完整地发出，这样才能保证字音的完整和准确。

四、日常训练方案

1. 口部操练习

通过训练口腔的开合程度、唇舌的力度和灵活度，达到正确发音及讲话声音好听、集中、立体的效果。具体练习步骤分为：张开口，上颌骨抬起，打开后槽牙，然后放下；下颌前后左右移动；双唇前噘，然后平裂；舌头顶住左右内颊；舌卷成筒形，伸出，缩回。

2. 绕口令练习（辨音口诀）

学好声韵辨四声，阴阳上去要分明。

部位方法须找准，开齐合撮属口型。

双唇班报必百波，舌尖当地斗点丁。

舌根高狗坑耕故，舌面积结教坚精。

翘舌主争真知照，平舌资则早在增。

擦音发翔飞分夏，送气查柴产彻称。

合口呼午枯胡古，开口河坡歌安争。

撮口虚学寻徐剧，齐齿衣优摇业英。

前鼻恩因烟弯稳，后鼻昂迎中拥王。

咬紧字头归字尾，不难达到纯和清。

3. 双唇音练习

采用以下绕口令进行练习：

八百标兵奔北坡，

炮兵并排北边跑。

炮兵怕把标兵碰，

标兵怕碰炮兵炮。

4. 气息练习

气息练习主要可采用"数枣"、读报纸、跑步、游泳、登山等方式来进行。

①"数枣"练习。出东门，过大桥，大桥底下一树枣，拿着竿子去打枣，青的多，红的少。一个枣，两个枣，三个枣……十个枣……

小贴士

读绕口令时注意要先深吸一口气，再开口完成练习。节奏固定，音高力度一致，发音清楚，不要勉强数到弯腰曲背、面红耳赤，到达一定程度即停，可采取循序渐进的方式练习。

②读报纸。报纸上的新闻报道，在造句上以长句子偏多，讲解者可以通过模仿央视新闻主播播报新闻的方法进行练习。

保持读报纸的习惯，有助于气息的控制。

③练肺活量。一般气息长短关键在于练肺活量，而肺活量的训练可以通过跑步、游泳、登山等运动的方法提高。

小贴士

进行气息训练时，注意不要憋气，不够气就及时换气，保证在气息充足的情况下练习，确保字正腔圆。同时，练习时要有感情，要有积极的表达意愿，有画面感，始终处在察觉的感受中，防止机械背书式练习。

技巧 4　借力外部和内部技巧

一、外部技巧

1.轻重音

重音是指讲解中在需要重点突出、强调的地方，进行强调的语音处理方式，它可以帮助听众更快明确和了解要听的重点内容。

执行方法：

首先，确定重音位置。通常需要采取重音强调的内容结构都是表达重点、体现主旨、引起听众注意的部分。例如，讲解历史事件的原因，"经济危机是这次社会动荡的主要原因"，其中，"经济危机"和"主要原因"就可作为重音加以强调。

其次，选择重音表达方式。重音的展现方法多种多样。第一，重音重读，即加大发声力度或者提高音量，这是表达重音最常用的方法。第二，重音前面停顿，即在重音的前面停顿，以停顿来突出后面的内容。第三，通过提高音调、延长音节来体现重音，即讲述时以音调略微上扬，个别字词稍微拉长音节的方式起到强调的作用。但要注意重音的连贯性，要考虑整个讲解内容的逻辑和节奏，避免杂乱和突兀。

小贴士

注意重音要少而精，要适量使用，选择最重要的几处使用重音即可，不能滥用。既然有重音，就一定有轻音，只有做到轻重对比，才能让听众明确所要强调的内容。要做到"拿得起，放得下"，这样听众才能明确区分而不是混为一谈。

2. 停与连

停连是指讲解过程中的停顿与连接。停顿可用来分隔不同的段落单元、突出重点、制造悬念、引出思考等；连接则可以保证讲解的流畅性，使各个部分之间的关系更加清晰。

执行方法：

首先，划分语义单元。对讲解内容进行语义划分，明确哪些部分、字词组合才是一个完整的内容。常见停顿和连接是以逗号、句号等标点符号进行区分，一般会在有标点符号的地方停顿，在没有标点符号的地方连接。标点符号可以辅助我们正确理解文意。

其次，确定停顿位置和时间。根据内容的重要性、情感表达等因素来确定停顿的位置和时间。如果是为了制造悬念，停顿的时间可以稍长一些。但要注意连接的流畅，避免出现生硬的感觉。在讲解时，可以适当通过语气的延续、词语的呼应或增加助词等方式来实现自然连接。例如，进行产品介绍的时候，"我们先看看产品的外观，（停顿）接着，我们走近一点来看看它的内部构造"，"接着"这个词就起到了连接作用。

小贴士

虽然标点符号在文章中代表停顿和连接，但在实际讲解中，语言表达的停与连并不完全等同于文章中的停与连。在不改变文意的前提下，文章中出现逗号、句号等标点符号的地方，在讲解的时候可以不用停，没有标点符号的地方也可以不用连。换言之，讲解中不一定要完全按照文本进行，具体可根据文章所要表达的语境和情感进行适当的调整。

3. 节奏

节奏是指讲解过程中语音的快慢、强弱、长短等变化规律。节奏不同于语速，语速一般是指讲话时字与字、词与词之间相隔时间的长与短，相隔时间长是语速慢，时间短则是语速快，单独一句话就可以表现语速的快与慢。而节奏一般是通过整体来综合表现的。合适的节奏可以增强讲解的表现力，使听众更容易跟上讲解的思路。

执行方法：

首先，分析内容的性质。节奏的表现有多个方面，可以通过不同声音的形式转换而成，包括声音的抑、扬、轻、重、缓、急等。欲扬先抑、欲抑先扬、欲快先慢、欲慢先快、欲重先轻、欲轻先重，这些都可以形成节奏。

讲解的节奏要根据内容的不同性质和主题来确定，这样才能达到理想的讲解效果。例如，如果是讲解革命烈士事迹，情感基调是庄严、崇敬的，节奏就应该比较沉稳、缓慢；如果是讲解革命战斗情景，情感基调是紧张、着急的，可以采用快速、急促的节奏；如果是讲解科技成果，情感基调是自豪、兴奋的，节奏可以相对明快一些。不过并没有绝对的说法，需要讲解者在反复的练习中找到适合的节奏。

其次，把握节奏的变化。在讲解过程中，节奏不能一成不变，要根据内容的发展和情感的变化来调整节奏。比如，在讲解一个先抑后扬的故事时，开始讲述困境部分可以节奏较慢、声音较低沉，到了转折和希望出现的部分时，节奏加快，声音变得明亮起来。与重音的呈现方式一样，也需要通过对比才能有明显的节奏感。

小贴士

节奏要和重音、停连等其他技巧相互配合，而不是孤立地单独存在。重音部分的节奏可能会稍有变化，停顿也会影响节奏的连续性。例如，在重音处适当放慢节奏，能更好地突出重点。

4. 语气

语气是指讲解者通过声音所表现出来的态度和情感色彩，是情感的体现。它是综合运用语调、语速、音量等因素来体现的，包括声音技巧的各种变化，如高、低、轻、重、缓、急、顿、挫等。

执行方法：

首先，确定语气类型。可以根据讲解的内容和目的来确定语气类型。讲解的基调是陈述语气，也可根据讲述内容通过调整语调的高低、语速的快慢和音量的大小来体现疑问、感叹、祈使等内容。

句式中的标点符号是帮助理解语气的基本坐标。例如，感叹语气一般语调较高、语速稍快、音量较大，如"大家请看，这个景色实在是太美了"；而祈使语气可能需要根据命令的强弱来调整语速和音量，如"请大家往这边走"（语调温和、语速适中、音量适中）。

但即便是一句普通的陈述句，在讲述时也不能做到平铺直叙、平淡如水，而应结合文字所描述的场景、内容进行相应语气的调整，使之产生变化。

其次，结合情感表达。语气要和讲解者的情感相融，同时需要深度理解讲稿背后所表达和传递的潜在情感，将两者有机结合，才能做到通过语气来表达情绪，让声音真正传递情感。如果是表达喜爱的情感，语气会比较温柔、愉悦；如果是表达愤怒的情感，语气会比较严厉、激动；讲解自己引以为傲的事物时，语气中会带着欣赏和自豪感，光听声音已经能让听众感受到这种情感。

5. 弹性

声音的弹性是指讲解者的声音对讲解内容、思想情感的适应能力，即声音能随感情变化进行伸缩性、可变性的调整。

声音的弹性越大，代表着声音情感变化幅度越大，也就更能表现出富有色彩、感染力的声音，从而使发声技巧与讲解内容和谐统一，适应情感的发展和内容的需要。

执行方法：

除了深入理解讲稿的内容、主题、目的，还可通过加强声音的各项对比训练，提高声音弹性和丰富声音色彩。对比训练的要素一般有以下类型：强—弱、高—低、重—轻、实—虚、明—暗、刚—柔、粗—细、松—紧、前—后、宽—窄、扬—抑、厚—薄等。

首先，进行古诗词练读。古诗词是练习声音弹性的优秀素材，在朗读时既要求气息贯通，又要求有高低、深浅、多少、疾徐等方面的变化。训练时注意虚实明暗、高低强弱、刚柔断连的处理。

朗读范例：

望庐山瀑布

［唐］李白

日照香炉生紫烟，遥看瀑布挂前川。

飞流直下三千尺，疑是银河落九天。

这是一首气势磅礴的山水诗。作者用丰富的想象，把庐山瀑布描写得气势恢宏，表达了诗人对祖国锦绣山河的赞美之情。在朗读的时候，要代入李白的视角去理解此诗的情感描述，做好"强—弱、高—低、轻—重、实—虚、扬—抑"的对比。

比如，在朗读"紫烟"和"银河落九天"时，要通过调整语调的虚实、轻重来实现惊叹、赞美等情感的表达，如"紫烟"读得轻柔，"银河落九天"中的"银河"语调升高，"落九天"的"落"字可以加重读音，"九天"可以用一种悠长的语调表现出瀑布如同银河一般，从高高的天空倾泻而下的壮观景象，增强诗歌的画面和动态感，并将全诗的情感推向高潮。

其次，进行适应性练习。通过适应性练习来增加声音弹性。除了根据讲解内容的不同风格来调整声音弹性，如在讲解历史文物时，声音应沉稳、庄重，以体现历史的厚重感；而在讲解创新科技时，声音则可以相对轻快和跳跃，便于听众理解和接受复杂的科学概念。还应根据不同年龄、文化背景和参观目的的听众群体，进行声音弹性的调整。如面对儿童讲解时，声音要亲切、柔和，富有童趣（可爱），音调可以适当提高，语速稍慢，以吸引他们的注意力并确保他们能跟上讲解节奏；而对于专业的学者或成年听众，声音则可以更具专业性和逻辑性，语速适中或稍快。

6. 微表情

讲解不是一门单一的语言艺术，它还涉及讲解者的微表情和肢体语言。在讲解过程中，善用微表情可以极大地增强讲解的效果，让信息传递更加生动和吸引人。微表情包括微笑、皱眉、扬眉、睁大眼睛、点头等面部表情，都是最直观的传递情绪的"晴雨表"。

在讲解开场时，可以用热情的微笑和明亮的眼神博得听众的认可和支持；在需要强调重要内容时，可以微微皱眉，眼神聚焦并提高音量，同时眼神变得更加锐利和专注；在讲解有趣的故事或案例时，可以自然地露出笑容；当提出一个引人深思的问题时，可以微微侧头，皱起眉头，呈现出疑惑的眼神和表情；在讲解沉重的故事时，可以面露忧伤、表情沉重、目光微微低垂等。

而微表情结合肢体语言可以增强情感的表达。比如，在讲解欢快的内容时，讲解者可以面带微笑，身体微微前倾，双手自然地做一些开放的手势，如展开双手，让听众感受到积极向上的情绪；在讲解庄重的内容时，讲解者可站直身体，双手自然下垂或放在身前交握，表情严肃，让听众感受到讲解内容的严肃性。

同时微表情要注意和语调、音量等相配合。如果你的表情是惊讶的（扬眉、睁大眼睛），语调应该相应地上扬，音量可以适当提高，以突出这种情绪；反之，当表情是悲伤的，声音可以变得低沉、缓慢，让讲解更加富有感染力。

二、内部技巧

讲解讲述的内容大多是历史、过去的故事或文物、事件等。多数情况下，讲解者都不是见证者或者亲历者，既然从未参与过，那又该如何通过讲解做到情景再现，让听众产生情感共鸣呢？这就需要讲解者用心去感受，与历史、文物"对话"，先自己深刻理解，与之共情。只有讲解者感受得越深刻，表达才会越丰富，换句话说，就是内在情感的变化决定了表达的效果。

1.深入研究讲解对象

讲解者要充分了解讲解对象的情况，无论是历史文物、历史事件、自然风光，还是政策法规、成绩成果等，均须做到了然于心。正如前文所说，要做到知其言更知其意，知其然更知其所以然。只有越懂得才会越热爱，只有越热爱才能讲得越好。所以拿到讲稿之后第一件事是把所有与该内容相关的资料全部翻查一遍，帮助自己深入理解内容。例如，要讲解历史文物，就要去研究文物背后的历史故事、制作工匠的心境等；要讲解政策法规，则要了解政策出台的背景、目的及对群众生活的影响，从而在讲解中传递出温暖与关怀。

2. 代入角色再现情景

讲解者可以尝试根据不同的讲述内容将自己代入不同的角色来体验情感，从而实现情景再现。简单来说，就是脑海里要有画面感。在深刻理解讲解内容的基础上，通过字里行间去想象、刻画当时的场景，而这个场景和讲稿里描述的内容趋向一致。而当我们脑海里有了画面，讲述的内容就会更加立体、更加生动形象。

正如一名优秀的演员在表演之前，首先要深刻揣摩人物的成长背景、家庭情况、工作环境、思维习惯、言行举止等，才能更好地理解人物的所思所想、一言一行，在演绎的时候才能真实生动，让人信服。同理，一名优秀的讲解员在讲述人物故事或历史事件时，不妨把自己想象成事件中的参与者，设身处地带入情感深度"参与"。如在讲解抗美援朝历史时，把自己想象成一名志愿军战士，感受那种保家卫国的热血和坚定；在讲述城市发展历程时，把自己当作本地的老居民，不仅亲身见证城市发展的成果与成就，更因此引以为傲，从而更好地传递出真情实感。

3. 深度理解潜藏的内在语

内在语是指隐藏在语句背后的真正含义和情感倾向。它是一种潜在的、需要挖掘和体现的语言内涵，能够帮助讲解者更准确地传达信息的深层意图。相同的内容，采用不同的心理情感，表达的效果就有所不同，甚至大相径庭。

首先，通过挖掘语句的深层含义，仔细分析讲解内容的每一句话，找出其字面之外的意思。通过挖掘这种内在语，讲解者可以用一种更具引导性的语气来传达信息。

其次，根据内容和讲解目的来确定内在语的情感色彩。如果是讲述一个感人的故事，内在语可能是同情、惋惜或者敬佩等情感；如果是介绍新亮点、新成绩，内在语可能是自豪、自信等情感。

最后，在确定了内在语的含义和情感色彩后，运用适当的语气、语调来体现。

思考

☆ 从以下片段思考文字背后潜藏的情绪和情感倾向

"革命英烈展"前言

在今天的生活中，我们已看不见连天的烽火，听不见隆隆的炮声，感受不到囚牢的阴霾（回顾历史感，缓慢诉说），但时光的流逝带不走先烈的英名（肯定、坚定）。他们在中国革命历程中留下的壮丽印记和闪光轨迹，为我们树起一座座人生的丰碑（敬仰、尊崇）。为了缅怀革命先烈的崇高风范和光辉业绩，我们从众多革命先烈中选取了200多位烈士在临刑前的寄语（遗憾、难过），在战斗中写就的书信、诗词，以及生前留下的遗物，以展览的方式奉献给广大观众。

虽然外部技巧和内部技巧在应用领域和操作内容上具有显著差异性，但当我们在运用它们的时候，应该把它们结合起来，使它们相互配合，共同围绕表达思想感情这个中心发挥作用。一切都是为了让听众能够沉浸式地投入，这是我们讲解的基本目标。而所有的技巧和方法其实都有一个重要的前提，那就是必须建立在讲解者真诚的态度上。只有真心面对听众，真心为自己所讲述的内容而自豪和感动，才能真正让听众对讲解的内容入耳、入脑、入心，从而实现同频共振，留下深刻而又难忘的印象。

附录：语言表达技巧训练

一、练气息

1. 吹蜡烛

要领：拿一根蜡烛，点燃并固定在凳子或桌子上，然后坐着吹，距离由近到远调整。

作用：练气的持续和集中力。

2. 模仿狗喘气

要领：学狗快速喘气，由慢到快。

时间：1 分钟。

作用：快速换气。

二、普通话正音训练：声调和音变（四声练习）

阴平：香花　光辉　公鸡　钟声　秋千　春天

	清新	关心	孤单	新生	威风	开通
	公司	危机	金星	天山	青松	飞机
阳平：	和平	玲珑	行人	油瓶	年龄	闻名
	回来	湖南	黄河	文盲	迎合	人民
	流氓	谣言	诚实	迟疑	离题	荧屏
上声：	永远	友好	领导	打倒	小鸟	跑马
	了解	洗脸	吵嘴	走狗	享有	影响
	想法	首长	雨水	悔改	惩处	本领
去声：	胜利	万岁	会议	翠绿	媚态	壮丽
	畏惧	逝世	继续	下去	梦幻	艺术
	力量	卫士	赠送	战斗	字据	亿万

阴阳上去：　中流砥柱　　山穷水尽　　花红柳绿

　　　　　　光明磊落　　阴谋诡计　　千锤百炼

　　　　　　风调雨顺　　心明眼亮　　雕虫小技

　　　　　　心直口快　　深谋远虑　　身强体壮

　　　　　　兵强马壮　　因循守旧　　逍遥法外

三、常见音调（部分练习）

1. 对 n 和 l 不分的练习（鼻音和边音）

　　无奈　水牛　留念

　　无赖　水流　留恋

门内　允诺　分蘖

门类　陨落　分裂

南宁　男女　恼怒

兰陵　褴褛　老路

2. 平翘舌音练习（z、c、s / zhi、chi、shi）

阻力　资源　姓邹

主力　支援　姓周

藏身　曾经　有刺

长生　成精　有翅

桑叶　伺机　高三

商业　事迹　高山

森森　自此　自从

深深　智齿　治虫

遭罪　葱蒜　蚕子

招赘　冲涮　产纸

3. 前后鼻韵母

in 和 ing：

金鱼　信服　亲生

鲸鱼　幸福　轻声

红心　人民　不信

红星　人名　不幸

an 和 ang：

开饭　天坛　和善

开放　天堂　和尚

铜钱　大年　铁锨

铜墙　大娘　水箱

红砖　木船　新欢

红装　木床　心慌

鲜艳　盐水　钳制

香艳　羊水　强制

惋惜　专车　关头

往昔　装车　光头

黯然　赞颂　弹词

盎然　葬送　搪瓷

en 和 eng：

帘门　长针　出身

联盟　长征　出生

吩咐　陈旧　申明

丰富　成就　声明

4.平翘舌音绕口令

学时事

史老师，讲时事，

常学时事长知识。

时事学习看报纸，

报纸登的是时事。

常看报纸要多思，

心里装着天下事。

子词丝

四十四个字和词，

组成一首子词丝的绕口词。

桃子李子梨子栗子橘子柿子槟子榛子，

栽满院子村子和寨子。

刀子斧子锯子凿子锤子刨子尺子，

做出桌子椅子和箱子。

名词动词数词量词代词副词助词连词，

造成语词诗词和唱词。

蚕丝生丝热丝缫丝染丝晒丝纺丝织丝，

自制粗丝细丝人造丝。

四和十

四是四，十是十。

十四是十四，

四十是四十。

谁能说准四十、十四、四十四，

谁来试一试。

谁说十四是席细，

就打谁十四；

谁说四十是细席，

就打谁四十。

第 *10* 章

突发事件的应对与处理

政务接待中的突发事件是指在接待过程中突然发生的、影响接待工作正常进行的意外事件。其特点是影响大、关注度高、情况复杂多变等。

突发事件应对核心：防患于未然！一切问题皆有先兆，做好万全准备，打起十二分精神！

应对 1　谨防出现"墨菲定律"

一、"墨菲定律"及其主要内容

墨菲定律是由美国工程师爱德华·墨菲（Edward A. Murphy）在 1949 年提出的，是指如果事情有变坏的可能，不管这种可能性有多小，它总会发生。

在日常生活及工作中，墨菲定律的身影比比皆是，这也让我们在政务接待过程中时刻保持高度戒备，以有效应对接待中的种种"意外"。

1. 任何事都没有表面看起来那么简单

在日常生活和工作中，我们常常会对一些习以为常的事情产生简单的判断，觉得按照以往经验就能轻松应对，殊不知潜在的陷阱往往藏在这些习以为常的背后。更何况，人跟人之间原本就存在认知差异，在你看来随便就能完成的事，也许背后是对方经年累月训练的结果。就像我们在陆地上把所有游泳的动作都背熟记牢了，可真正下水时依然会存在淹死的风险。所以，正确的态度是保持敬畏之心，抱着虚心求教的态度去学习研究。

2. 所有的事都会比预计的时间长

生活中我们总是会随意立"flag"，如 3 个月瘦 20 斤、1 个月背熟 500 个单词等，以为实际去做时动动手指努力一下就能成功，最终的结果很有可能是 3 个月没有减掉 1 斤，1 个月后唯一记住的单词是"abandon"。"千里之行，始于足下"，要走一千里，首先要迈开腿向前走，同时出发的时候要明确一点，你不是孙悟空，不能一个筋斗十万八千里，不可能瞬间到达终点。因此，在预设目标的时候，要做好充分的思想准备，做好打持久战的心理建设，不要让自己掉入不切实际的幻想中。

3. 会出错的事总会出错

在日常工作或生活中，我们会发现常见的错误往往会一犯再犯。如因讲稿打印、排版或装订问题导致主宾在会议现场出现事故的情况屡见不鲜。因此，在给主席台嘉宾准备文件时，如果疏于反复检查及核对，很有可能主要领导的那一份材料就会出现错订、漏订的状况，从而造成不可挽回的影响。

4. 如果你担心某种情况发生，那么它就更有可能发生

这种情况一方面有心理预期与注意力偏差的关系，即当你的注意力高度集中在某件事情上，这种注意力的偏差会让我们感觉不好的事情更容易发生，而一旦有类似的情况出现，我们就会更加强化和关注这种印象；另一方面来自个人经验，也就是基于以往工作的惯性思考分析，从而对事情潜藏的风险产生心理预判。但无论是哪种，事实证明"该来的还是会来"。所以，不要小看这种"直觉"，有时要坚定地相信自己的判断，做好提前规避工作。

墨菲定律不是宿命论，而是提醒我们要保持清醒的认识，

对事物发展过程中的各种可能性做好充分的准备，降低突发事件发生的概率，并提前做好应对。

二、如何避免出现"墨菲定律"

1. 做好突发预警

首先，建立预警机制。"宁可备而不用，不可用而无备。"密切关注气象预警信息、实时交通状况、当地政治局势等，及时获取相关信息。可以依靠新闻媒体、社交媒体及政府相关机构等渠道进行监测。

其次，与相关部门协作。要与相关政府部门建立良好的沟通协作机制，实时了解相关工作进展和突发情况应对措施。

2. 不存侥幸心理

在日常生活和工作中，不能因为事情发生坏结果的可能性小就忽视风险。比如，开车时，不能因为距离短就不系安全带，觉得不会出事故。根据墨菲定律，事故有可能在任何时候发生，哪怕概率微小。做任何事情前都要全面考虑各种可能性，不能只看到好的一面。具体表现在工作项目里，需要提前做好风险防范，不能因为某个环节出问题的概率低就不制订应急方案。就像一场重要的政务会议，即便设备故障概率低，也应提前准备好备用设备，以防万一。

3. 反复检查确认

对于工作项目中的各个阶段，需要通过反复、全方位、多角度的检查和确认，尽可能提前发现潜在问题和错误，以确保各环节工作内容都符合制订的目标和预期的效果，减少疏忽导致问题发生的概率。

小贴士

为避免出现类似细节确认问题，首先，要提前根据整个活动项目建立完善的检查清单和流程，明确各个环节的具体内容、标准及负责人；其次，在接待工作前期筹备会议中，要将相关人员一同召集到场进行各环节内容汇报及沟通，做到信息即时同步共享，避免出现上传下达不到位的情况；最后，对于关键信息，如日期、时间、数据、文件等重要内容，要多人进行多次核对和验证，确保内容的准确性和完整性。

4. 细节决定成败

"真正的成功者都是完美主义者"，只有精益求精，不放过任何一个小细节，才能达到和获得常人难以企及的高度与成就。在日常工作尤其是政务接待工作中，做一个"吹毛求疵"的人比做一个"老好人"更难，只有充分认识到任何一个小细节都可能对整体结果产生重大影响，以严谨甚至苛刻的态度对待每一个环节，才能保证活动的完美呈现。

为了不放过每一个细节，一方面，要加强培训，提升参与人员的细节意识，让其明白细节的重要性并养成关注细节的职业习惯；另一方面，在具体项目执行中，将工作任务和内容进行拆分，明确各环节的责任人，敢于选拔和任用"鸡蛋里挑骨头"的人员负责流程及环节检查工作，对重点问题、关键细节进行重点审查，确保没有任何细节被忽视。

5. 在尊重中直面问题

工作中，因活动涉及层面广，往往需要跟不止一个合作伙伴进行沟通协商。但无论是哪一个环节的合作伙伴，最终都是为了保证接待活动顺利落地执行。因此，对于合作伙伴，既要保持应有的尊重，不要摆出"甲方"高高在上的姿态，又要敢于说"不"。比如，在合作过程中，当发现合作伙伴存在可能引发问题或风险的行为或决策时，要敢于提出疑问和反对意见，不能因为怕影响关系而对问题视而不见。

在正式合作前，先明确双方的权利、义务和责任，并将风险及后果提前说清楚，确定出现分歧时的解决机制。

合作期间不断加强沟通，及时对信息进行更新，通过开诚布公的交流让双方能够及时、坦诚地交流意见。而在提出反对意见时，不要为了反对而反对，要以事实和数据为依据，客观地分析问题，秉持公平和理性的分析原则，避免情绪化指责。双方沟通的重点在于使出现的问题得到真正的解决，实现双赢。

时刻牢记：你才是最终的"责任人"！

6. 坦然应对

当担心的事情发生时，不要陷入消极情绪。政务接待中一切都在变，计划永远赶不上变化，因此，遇到突发事件的概率比常规活动大得多。即便做好了万全的准备，依然有可能存在马失前蹄的情况。就像弹簧压得越紧就绷得越开，而绷得越开又有利于压得越紧，极度专注会催生极度放松，极度放松又有利于极度专注。因此，在面对政务接待工作时，我们应提前做好心理预期管理，学会自我调节放松，保持良好的心态。

即便真的出现突发事件，也无须过分紧张，现场不是追责的时候，如何做好现场处理和善后工作才是当务之急。接待人员是执行接待工作的第一责任人，但不是唯一责任人，只要全力以赴、无愧于心即可。有时候不断的正面心理暗示，说不定会让活动更加顺利和出彩。

案例

☆ "消失的" 电瓶车

前情回顾：政务接待活动中因临时变故，原搭载领导的电瓶车位置有限，故担任讲解任务的我需要搭乘临时抽调的另一辆电瓶车，提前至第一个考察点等候嘉宾到来。

案例分析：出发前，我已经考虑到该电瓶车司机未参加过行程演练，对具体接待情况不了解，故在车上反复交代，一切行动必须听我指挥，只负责接载我一人，以确保在行进过程中我能够在主宾抵达前抵达每一个考察点。下车时，我也已经找好靠边的位置让司机停好车原地等候，并交代无论如何不能离开此地，即使遇到大部队抵达需要临时让位置的情况，也需要在领导都下车参观时及时返回原地等候。

因为司机没有提前参加过彩排演练，不懂得保障工作的重要性，更不理解讲解员为何一定要提前抵达各站点等候嘉宾，故该司机在大部队抵达现场时因工作人员要求先离场，便将车驶离了现场，后又因被挡住，想着等前面的车离开后再过来就一直在队伍末尾排队等候。待我结束第一站参观时，才发现无车可坐，而此时第一辆车上的主宾已上车即将离开。情急之下，我只能跳上第二辆车尾随其后，紧赶慢赶才跟着抵达第二个站点。所幸，中间耽误时间并不长，加上主宾下车尚需一点点时间，最终未造成不良后果，真是不幸中的万幸。

这个案例再次证明事前彩排演练的重要性。首先，无论是否负责接待工作，当天在岗的相关人员都应尽可能参与，以避免临时出现突发事件；其次，时刻保持冷静、清醒的头脑，绷紧脑海里"墨菲定律"的弦，并且相信自己的判断，宁愿反复确认、反复核实，也不要错过任何一个细节。毕竟接待人员才是第一线的风险应对人，这个岗位要直面挑战和问题，只有提前做好风险管控，才能真正降低事故隐患，让接待与讲解工作圆满完成。

三、四个基本原则

1. 生命至上原则

生命至上是处理突发事件时的第一法则。在政务接待突发事件处理中，要始终将人的生命安全放在首位。无论是嘉宾还是工作人员，他们的安全和健康都是最重要的，在任何时候都要排在最高优先级。

2. 快速高效原则

由于政务接待的重要性和敏感性，突发事件处理必须迅速高效，尽快控制住局面，越少人知道越好，务必将事件对接待活动的影响降到最低，让接待活动得以正常进行。万不可像池塘中的涟漪一般，一层一层扩大，不仅影响整个行程安排，甚至发酵成重大舆情事件。

3. 协同合作原则

政务接待通常涉及多个部门联动，因此，需要提前制订好各部门的沟通机制，确保在处理突发事件时能够及时找到关键人进行沟通，通过各部门通力合作、积极配合，发挥各自的专业优势，形成合力，共同解决问题。

4. 信息透明原则

根据政务接待的具体情况、性质，判断是否需要将相关信息进行公开。如果需要公开，则须明确发布渠道、口径、内容等，要结合实际情况统一信息，切勿出现多头回复、内容不一致的情况。公布时注意内容发布的及时性和准确性，以避免误解和谣言的产生，维护政府的公信力及形象。

如果不需要公开，则要做好相关内容的善后处理，包括涉及人员的沟通、补救措施、后续跟进及保密要求等，以免发生信息泄露，造成不良后果。

应对 2　突发事件应对程序

在应对突发事件时，要有明确的步骤和方法，以确保政务接待工作的顺利进行。

一、迅速反应

1. 保持冷静

"心有静气，则攻无不克，事无不成。"接待人员要学会克制惊慌失措的情绪，避免乱中出错。要时刻牢记，连你都紧张慌乱的话，那不明就里的嘉宾会更加着急。而且情绪会传染，只有接待人员保持冷静，才能更好地处理事件，为后续工作开展提供稳定的心态基础。谨记，事情越大越要冷静，做到"每逢大事有静气"，方能找到破局之法。

2. 了解情况

马上核实突发事件的具体情况（如安全事故类型、嘉宾身体突发状况、行程变更等）、严重程度和影响范围。如有嘉宾在活动现场晕倒，要确定是低血糖、中暑还是由其他疾病导致的。

二、现场处理

1. 保障人员安全

如果是涉及安全的事件，如火灾、建筑物坍塌等，首要任务是组织人员疏散到安全地带，遵循"先救人，后救物"的原则。这也是基于生命安全高于一切的理念。

2. 采取急救措施

当嘉宾或工作人员出现身体突发状况时，要立即联系医疗急救人员，并利用掌握的知识和现场的急救设备进行初步救治，争取宝贵的医疗时间。

作为政务接待人员，必要的急救知识学习及训练必不可少。常见的心肺复苏、救命神器 AED 的使用、旅途中常见急症和意外伤害（溺水、中暑、气道梗阻）、创伤救护技术（外伤止血、伤口包扎、骨折固定、伤员搬运）等都应纳入学习及实践的范围。有条件的话，可以考一个急救员证，关键时刻救人救己。

3. 协助维持秩序

在突发事件发生现场，马上协调安排人员控制现场秩序，防止无关人员聚集围观导致混乱局面加剧。同时将主要领导和大部队尽快带离现场，继续进行原定考察行程。

4. 及时沟通协调

内部沟通：接待团队内部要迅速沟通，明确分工，确保每个成员知道自己应如何应对及处理。

向上级汇报：将突发事件的情况及时、准确地汇报给上级领导，为领导决策提供详细的信息，等待进一步的指示。

与相关部门协作：如果需要其他部门协助（如消防、公安、医疗等），要及时联系并配合这些部门的工作。

向嘉宾解释：根据上级的指示要求，告知嘉宾事件的情况

和处理进度，注意做好情绪安抚工作，避免嘉宾产生误解和
恐慌。

三、后续跟进处理

1. 总结评估

事件处理完成后，需要及时召开会议小结，对事件整体进行复盘，分析事件发生的原因、处理过程中的优缺点，总结经验教训。

2. 恢复接待

根据事件的性质和影响程度，尽快调整接待计划，恢复正常的接待工作秩序，继续推进接待行程，确保后续接待任务顺利完成。

3. 信息公布

如果事件受到社会关注，要注意通过官方渠道及时发布准确的信息，回应社会关切。同时，相关人员注意保密，不要随意泄露任何相关信息，避免在网上引发舆情。

应对 3　临场突发的常见问题

应对心态：猝然临之而不惊，无故加之而不怒！

接待中突发事件层出不穷，即便是再有经验的接待人员，也依然会遇到新的问题和挑战。面对突发事件时，最重要的是保持良好的心态。司马迁在《史记》中写道"胸有激雷而面如平湖者，可拜上将军也"，讲的就是一种对情绪的极致掌控和内心的强大定力。

人在遭遇突发情况的时候，身体应激机制开启，体内肾上腺素飙升，手脚会颤抖；情况越紧急，经验越缺乏，情绪越紧张，手脚就颤抖得越厉害。此时动作就容易变形，不仅无法解决问题，反而会让小事变成大事。接待人员在关键时刻必须保持清醒的头脑，适当自我调节，放松心情，用轻松自若的状态去应对各种突发事件，如此才能做出理智的判断和抉择，力挽狂澜，将危机变成转机。

一、讲解当中被质疑

讲解当中常见被质疑的情况，如"你讲得不对，不是这样的"或"当时不应该是……吗"等。遇到此类突发事件，可按照以下步骤进行应对：

1. 保持淡定

不要觉得对方是故意给你难堪或者刁难你。一般接待中除极个别人以外，绝大部分嘉宾都具备高素质，不会故意去为难一个普通的工作人员。当对方提出疑问的时候，要么恰好你讲述的内容是对方擅长的领域，要么对方本身对此颇有兴趣，有一定积累。所以不要有心理障碍，将本次交流当作一次知识领域的正常探讨即可。

2. 委婉道歉

接待活动往往时间紧、任务重、日程赶，无法与嘉宾坐下来就某个问题或内容进行详细的探讨和沟通。现场的处理要根据嘉宾提出的质疑内容进行综合分析。如果三言两语能够说清楚的，可以直截了当说明自己讲述内容的来源、依据和权威性；如果一时半会儿说不清，或者暂时无从考证孰是孰非，则可进行婉转的解释，将话题就此打住，以避免无限度扩展。例如："感谢您的提问！您的这个问题与我资料上的内容有些不一致，也许是我的资料有误，一会儿讲解结束我仔细核查后再给您回复，谢谢！"

3. 不争对错

不要纠结于一时半会儿的孰是孰非，嘉宾的质疑也许是错的，但无论是否"冤枉"了接待人员，如果不是原则上的问题，接待场合都不是讨论"对错"的好时机。因此，尽快结束原话题，继续行程才是正确之道。

作为接待人员，要有大局观，要明白个人"荣辱"其实并没有那么重要，眼前的一得一失并不要紧，而活动能否顺利、完满结束，嘉宾能否对考察点/考察城市留下美好印象才是最重要的。事了拂衣去，深藏身与名。嘉宾满意的笑容就是接待人员最大的骄傲，也是衡量接待工作成功的标志。

二、不会回答嘉宾提出的问题

在政务接待中，常会遇到"懂行"的嘉宾提出专业性较强的问题而接待人员不会回答的情况，此时可参照以下方式进行处理：

1. 保持微笑

微笑是社交场合的通行证，是表达情感最好的方式。根据行为心理学的观点，当面对人际交往中的难题时，保持微笑利于双方消除隔阂，达成共识。因此，当遇到不会回答的问题时，不妨尝试先用微笑化解自身尴尬，同时也通过微笑帮助自己定下心神，集中精力思考答案。

2. 委婉解释

如果搜遍大脑的"信息库"，仍无法找到问题的答案，不妨大方接受自己不会回答的事实，不要过分纠结当下。讲解者可先肯定对方提问的含金量，然后再向嘉宾委婉道歉，陈述自己的解决方案。例如："您刚刚问了一个非常专业的问题，这个问题的答案我暂时还不太确定。您看这样可否，我把您的问题先记下来，一会儿讲解结束后我去请教一下相关方面的专家，将答案确定之后再向您汇报？"

3. 继续讲解

一般情况下，向嘉宾解释之后，对方就不会再继续纠结问题的答案了。为更保险起见，讲解者要掌握好节奏，在进行委婉解释之后，如果对方没有做出反应的话，可等同于对方默许。此时，立刻展开下一段讲解，通过新内容的讲解冲淡不会回答问题的影响，推动行程的正常开展。

4.提升内容

如果嘉宾提的问题恰好是在自己的知识盲区，就把此次提问当作查漏补缺、提升自己知识积累和充实讲解内容的良机。在接待活动结束后，认真思考，仔细查阅相关资料，尽快补齐短板。同时将该部分内容增至原来的讲解词中，扩充讲解内容的知识含量，为下一次更好的讲解做足准备。

工作中要学会做有心人。通常嘉宾的提问或主要陪同领导延展提及的内容，或许是参观人员的普遍兴趣点，又或许是地方主要领导关注的重点。这不仅给自己钻研讲解内容指明了方向，也是一个提升自我的良好契机。讲解词仅仅是讲解的起点，并不是终点。学海无涯苦作舟，在讲解内容这条路上不断地深挖和探究，就是让自己在平凡的岗位上做出不平凡成绩的重要抓手。

三、行程临时被压缩

一切都在变，除了变化本身，这就是政务接待的常态。当出现行程临时被压缩，参观点／考察点逗留时间缩短时，可按照以下方式应对：

1. 调整参观顺序

当行程被压缩时，重新规划参观顺序是优化时间利用的关键。政务接待人员应依据参观点／考察点的重要性、关联性及交通距离等因素，对参观点／考察点的先后顺序进行合理调整。如果参观点／考察点本身范围较大、耗时较长，则原定在参观点／考察点内的参观方式也需要一并调整，同时尽可能节省各环节的衔接时间。

2. 重点优先参观

行程压缩不意味着降低接待质量，而是要更加精准地聚焦重点、亮点内容。接待人员需提前梳理各参观点／考察点的核心展示内容，明确哪些是最能体现本地特色、发展成果，以及与考察目的紧密相关的部分。在行程或参观时间被压缩时，优先把重点、亮点内容参观到位，其余内容则视当时的情况灵活安排。

3. 精简提炼讲解内容

接待人员同时需对讲解内容大刀阔斧地进行精简提炼，摒弃冗长的参观点发展历史介绍，直接切入核心、优势、成果等关键部分，运用简洁明了的语言、直观的数据及生动的案例，快速且准确地传递关键信息，让考察团队迅速理解该参观点／考察点的价值，在有限时间内获取丰富且有用的信息。

小贴士

如在展厅内出现时间被压缩的情况，可将重点放在展厅内的精华部分，概况部分可一笔带过。注意展厅的重大荣誉/成绩在讲解中仍需保留。

4. 做好后勤保障

做好后勤保障工作在行程压缩的情况下尤为重要，它是政务接待工作顺利开展的坚实后盾。在交通方面，需提前规划最优路线，安排经验丰富、对本地路况熟悉的司机，确保在压缩行程、改变参观点/考察点先后顺序的情况下，依然能够及时往返，减少路途中时间的损耗。同时，根据新的行程安排，合理调整餐饮与休息时间，避免出现为去原定餐厅用餐，导致行程绕路的情况。此外，还需关注嘉宾的身体状况，准备好常用药品与充足的饮用水，以应对可能出现的嘉宾身体不适的情况。精心的后勤安排，既可保障政务接待工作的顺利进行，也能更好地展现政务接待的水平与诚意。

5. 增加线上展示

为更好地帮助嘉宾了解参观点/考察点的情况，可借助现代信息技术手段安排线上展示环节作为补充。比如，城市宣传短片、企业概况介绍的内容，可引导嘉宾在乘车期间通过车内播放视频的方式进行观看；如有线上详细的 VR 全景展示，也可由接待人员引导嘉宾在车内或休息间隙，通过手机、平板电脑等设备进行查看，再辅助车内或线上实时讲解，解答疑问，弥补实地参观时间短的遗憾，丰富嘉宾对相关内容的了解维度。

四、应对嘉宾二选一的问题

接待过程中，对嘉宾提出的二选一的问题，回答时应该具体问题具体分析。如果问题是简单的正面问题，如 A 和 B 哪种方式大家接受度更高、哪个项目更受年轻人喜爱等问题，接待人员根据个人的经验、心得或喜好直说即可。因为问题本身就是一个主观判断题，不存在对错或标准答案，所以无须过分谨慎。

但有时候会出现"陷阱题"，即"非黑即白"的问题。这种问题中的两个选项其实都存在巨大漏洞，不能轻易回答选 A 还是选 B，否则容易造成负面影响，在重大外事接待中，甚至可能演变成外交事件。

1. "非黑即白"陷阱题特点

第一，二元对立表述。"非黑即白"陷阱题的选项设置极其不合理，要么是两个极端对立的选项，没有中间地带或其他可能性；要么是选项范围过于狭窄且不符合逻辑，两个选项甚至没有可比性和相关性等。其目的就是通过限制选项的方式来限制应答人的思路，这也是典型的"非黑即白"陷阱。

如周恩来总理接见美国记者时，对方不怀好意地发问："总理阁下，在我们美国，人们都是仰着头走路，而你们中国人低头走路，这又怎么解释呢？"周总理笑着答道："这不奇怪，问题很简单嘛，你们美国人走的是下坡路，当然要仰着头走路了，而我们中国人走的是上坡路，当然是低着头走了。"

第二，绝对化用词。当提问中出现"只能""必须""完全""绝对"等绝对化用词时，须警惕"非黑即白"陷阱。因为凡事皆有可能，没有任何一个方法能够解决所有问题。

第三，诱导性表述。具有诱导性的语言也是识别陷阱题的关键。比如，提问式的表述具有明显的引导倾向，试图通过引导将应答人引入预设的二选一困境；或者直接预设了问题只有一种结果，没有考虑其他的可能；或者是分析问题时简单化预设因果关系，而忽略了问题涉及的多元因素，将复杂的问题简单归因。

2. 接待现场的应对

第一，保持冷静与礼貌。首先，不被提问者的语气或情绪影响，保持专业和镇定的态度。即使面对挑衅，也应以理性和克制的态度去回应。注意要避免直接重复或否定对方的陷阱性表述，可以通过礼貌的方式引导对方关注问题的本质。

第二，不陷入对方设定的框架。不要被"非黑即白"的选项限制，而是主动引导提问者从更全面、宏观的角度看待问题。如不是简单的二选一，我们要从全局去看……不要局限于对方给出的两个极端选项，通过指出问题的复杂性，强调需要综合考虑多种因素，积极阐述多种可行的解决方案。

与此同时，可将问题从对立的框架中脱离出来，重新定义问题的本质。引入宏观背景是转移焦点的有效话术手段，或者提及与问题紧密相关的其他关联因素。比如，当被问及"是否……"时，可以回答"您提到的问题其实涉及……，我们需要从……角度来理解"。通过巧妙转移问题焦点，重新掌控对话节奏，将注意力引向更具建设性的方向。

3. 引导话题回正轨

将话题引导到更实质性的内容上，避免在陷阱性问题上纠缠。讲解者要掌握好节奏，不要被别人牵着鼻子走，做到及时回归参观点 / 考察点本身的内容讲解之上，拉回嘉宾的注意力和焦点。

4. 立场坚定不妥协

面对恶意提问的嘉宾，讲解者既要尊重对方提问的权利，也要注意保持立场坚定，在维护国家利益和尊严、维护城市形象方面，务必做到不妥协、不退让、不媚俗。

五、参观中的突发状况

1. 参观中普通游客众多造成参观路线拥堵

在规划路线时，应考虑到参观点 / 考察点的实际情况，提前做好错峰出行、错峰参观的准备，参观路线设计上也应尽量避开人流密集的点位。如果实在避无可避，可适当增加随行工作人员，协助做好指引疏导工作。在重要的参观节点，适当用人墙对游客做一个小型的隔断，让主宾通过。但要注意，隔断时间不宜过长，同时工作人员态度不可粗暴、行为不可蛮横。接待人员在引领和讲解时，可根据现场情况做好温馨提示，提醒围观群众注意安全，不要过分拥挤。接待人员需要通过加倍做好服务来缓解现场拥挤给嘉宾带来的无序感。

2. 讲解时使用的讲解器没声音

讲解者在上岗前，需提前做好讲解器的调试工作，包括调整音量大小、麦克风的摆放位置、小蜜蜂连接线的隐藏、核实电量是否充足等细节。必要时，可随身携带一两块备用电池，或让随行工作人员多携带一个讲解器，以便临时更换。当出现讲解器没声音时，可先简单致歉，请领导嘉宾先观看展厅/展板内容，同时迅速更换并重新开始讲解，继续推动考察行程。

3. 围观群众过多，有路人摔倒

当发现有围观群众在队伍前面摔倒时，千万不要视而不见或充耳不闻，应第一时间挡在主要领导前面，主动了解伤者的情况；在确保对方无恶意的情况下，进行简单慰问；同时迅速安排随行工作人员协助，将伤者带离，继续考察行程。

4. 讲解期间临时增加陪同领导

参观进行到一半时，现场临时增加一位陪同领导参与，此时是否要中断讲解单独介绍该领导，要根据考察现场情况而定。如果此领导原本就是重要的陪同领导，因临时公务无法及时到场，应该马上停止讲解，向主宾介绍；如果该领导并不在主要领导名录上，只属于陪同参观，则无须刻意介绍，正常进行讲解即可。如果在参观时，这位新加入的领导参与话题讨论或延展讲解内容，接待人员可趁机介绍该领导的情况，以示尊重。

5. 参观期间主宾要求继续参观，但主陪却打断、拖慢参观节奏

按理来说应"客随主便"，主要陪同领导热情介绍，主宾应欣然答应才是。但如果是这种情况，往往存在主宾身份地位更高的客观事实，因此，接待人员要在两者之间做好协调工作。在主要陪同领导没有打断讲解时，应加快参观速度、精简讲解内容；而一旦被打断，则应暂停讲解，待主要陪同领导讲完后立刻接话，将嘉宾带至下一个参观点位。如果发现主宾一言不发，脸色深沉难看，甚至有隐隐动怒的迹象，接待人员不妨主动提醒主要陪同领导："考察行程紧凑，嘉宾都有些累了，或者我们加快速度到……如何，也给嘉宾们多一点休息的时间。"通过委婉提醒主要陪同领导加快进度，提高效率，以免给主宾留下不好的印象。

6. 讲解期间嘉宾或领导延展的内容是错误的

季羡林有句名言："要说真话，不讲假话。假话全不讲，真话不全讲。"这句话不仅蕴含了深刻的人生哲理和交际智慧，用在政务接待当中也是金玉良言。这句话的字面意思就是，我们应当说真实的话，不要说虚假的话；对于不真实的话，我们不应该去说，而对于真实的话，有时候也不必把所有的细枝末节都说出来。

在政务接待当中，如果遇到嘉宾或陪同领导提到的内容是错误的，除非是原则性的问题，否则大部分情况可不予深究。也就是说，接待人员不必违心附和，也无须当面指出错误所在，选择性地接话即可。甚至可微微一笑不发一言，然后另起炉灶换个话题继续讲解，就此一笔带过。待活动过后，如果有嘉宾或领导单独沟通，再指出问题所在。

应对 4　日常舆情管理及处置

在政务接待工作中，舆情管理与应对至关重要，它关乎政府或城市形象的维护，以及接待活动的顺利开展。为有效应对政务接待中的舆情，可从接待前、接待中、接待后三个阶段展开管理工作。

一、接待前准备工作

1. 全面的舆情监测

提前组建专业的舆情监测团队，借助先进的舆情监测工具，对与接待活动相关的信息进行全方位收集。不仅要关注境内舆情，还要留意境外舆情；既要重视网上舆情，也要兼顾线下舆情。网上监测范围覆盖社交媒体平台、新闻网站、论坛等主流网络渠道，密切跟踪社会公众对参观人员、接待主题及本地相关政策、事件的讨论热度和态度倾向，实时掌握热点敏感舆情态势和公众的心理变化，做到心中有数。

2. 详细的舆情预案

依据监测到的舆情信息，结合过往类似政务接待活动的舆情案例，制订针对性强的舆情应对预案。具体可通过等级划分和性质分类两种方式进行。

等级划分：根据负面评价数量、媒体发声情况、转发跟评量、传播量、有无知名博主介入、有无异地重量级媒体转载等标准，将舆情划分为一般、较大、重大、特大四个等级。

性质分类：按照舆情的性质，可分为政策解读类、民生舆情类、活动考察类、突发事件类、政府或人员形象类等。针对不同类型的舆情，制订差异化的应对策略。如对于政策解读类舆情，重点在于组织专业人员进行准确的解读，提供权威信息等。

针对不同的等级和类型，明确对外信息发布主体、发布渠道、发布内容要点等，遵循"属地管理、分级负责"和"谁处置谁负责、谁主管谁负责"的原则，以线下处理为重，当地有关部门深入调查事件，找到问题源头，切实解决公众关心的问题，杜绝"堵"和"瞒"的做法。

同时，确定应对流程，明确各部门在舆情应对中的职责分工，制订完善的突发事件信息发布和舆论引导预案，并加强日常演练，确保在实际应对中高效流畅。

二、接待中舆情把控

1. 严格的信息管理

规范信息传播流程，对涉及接待活动的重要信息，如考察行程、领导讲话、重要决策等，必须严格审核把关，通过官方指定渠道发布，防止信息泄露或不实传播引发舆情风险。同时，保障信息的真实性和权威性，在信息发布前，对内容进行多轮核实，确保信息准确无误，避免信息不准确引发二次舆情。

2. 现场的沟通协调

媒体接待：安排专人负责接待媒体记者，及时回应媒体关切，提供准确、翔实的信息，引导媒体客观、公正地报道政务接待活动。根据接待活动的议题，适当邀请接待友好型自媒体和网络知名博主参与，提前与他们沟通活动亮点和注意事项，鼓励他们正面宣传接待活动，扩大活动的正面影响力。在召开媒体见面会时，做好充分的准备工作，与媒体记者沟通，了解公众关注的问题，据此准备发布材料、内容及回答口径，做到有备无患才召集开会，避免出现一问三不知、现场推诿、多头发布且前后不一致的情况。

群众沟通：在活动现场，政务接待人员积极与参与群众沟通。对于群众的提问和意见，保持礼貌、耐心，认真倾听并给予合理答复。能当场解决的问题当场解决，无法当场解决的，记录在案并承诺后续跟进处理，避免矛盾激化产生负面舆情。

三、接待后舆情跟踪与处置

1. 持续的舆情跟踪

政务接待活动结束后，持续关注舆情动态，评估政务接待活动引发的舆情走向。通过舆情监测工具，分析舆情热度是否下降、公众态度是否转变等。若接待活动涉及对本地某一热点问题的讨论，须跟踪公众对后续解决方案的反馈，判断舆情是否得到有效平息。

2. 问题整改与反馈

针对接待过程中公众反映的问题，以及舆情暴露的工作不足，迅速组织相关部门进行整改。整改措施应及时向公众公开，接受社会监督。

小贴士

面对舆情处理时，要学会"共情"。人类的悲喜并不相通，但是人类的朴素情感还是相连的。当社会高度关注某事件时，群众担忧的核心在于：若自身遭遇同类问题，应如何应对及处理善后事宜。因此，要能够理解当事人和群众的感受，把握好群众的关注点，明白群众情绪的峰值点，多为群众着想，注重和保护群众的利益。这样在解决具体问题的时候，才能真正做到急群众之所急、想群众之所想。

同时在舆情的引导方面，要学会正面引导。一方面，要根据事件本身的是非曲直，做到实事求是、开诚布公，少做解释，坦诚接受批评；另一方面，要学会深刻反思、吸取教训，在此基础上拿出切实有效的解决方案，从公众的情感诉求出发，真诚地改正和善后，用实际行动攻破一切谣言和质疑。

3. 案例复盘与归档

对接待过程中的舆情应对案例进行复盘，总结经验教训，分析舆情产生的原因、应对措施的有效性、各部门的协作情况等；将相关资料进行整理归档，为今后类似的接待活动的舆情应对提供参考，不断提升政务接待舆情应对能力。

后 记

POSTSCRIPT

　　对于一个从大学就开始从事旅游行业的人而言，我对于传统旅游行业包括众多衍生行业岗位其实都不陌生。但要问起我最喜欢的职业，毋庸置疑还是导游。对我来说，能带着客人在行万里路的途中去体验文化的魅力，去感受家国情怀是我的荣幸；看到客人因我的服务和讲解露出满意的笑容更是我最大的骄傲。导游职业是我人生价值的体现，旅游行业则见证了我的笑与泪，光荣与梦想。

　　几年前当我为文旅行业的导游及讲解员进行培训时，因苦于没有适合的讲解类教材做参考，于是萌生出要把过往经验整理出书的念头。"时来天地皆同力"，恰好广东人民出版社的蔡子凤编辑找到了我，此书最终得以成形。正如熊剑平教授所言，我试图以系统性思维重构政务接待与讲解的知识框架，在编书期间努力做到理论根基的夯实，又强调实践智慧的凝练。回想其中的起心动念，涉及太多领导、老师、朋友和学生的关心和支持，谨以此篇小小的后记，表达我对大家深深的感谢！感谢各位一路以来的肯定、鼓励和帮助！人生路上得一良师益友尤为难得，而更难能可贵的是大家对我的无私帮助和充分支持，让我能够熬过漫长的无人问津的岁月，挺得过万箭穿心的苦苦挣扎，走过一段旷日持久的黑暗时光，终于走向属于自己的那段光明。何其有幸，一路上有大家的陪伴，万般感激尽在心头，千言万语最终汇成一句"谢谢"。

　　感谢各位领导和老师的关心和帮助：潘朝晖、曾晓峰、夏泽和、刘瑜梅、李若岚、李鹏、黄广宇、张义、陈林耿、熊杰、周景波、许林楚、李健、于延俊、尚晏芝、郑宏彪、刘贤方、林寿、理阳阳、郭盛晖、叶卫华、刘爱军、吴源、温勃。

感谢各位朋友和学生的帮助和反馈：付丹、陈静、何志颖、伍嘉希、苏香旭、陈小华、傅西西、崔康晋、计弘毅、李淑玲、郭敏华、韩琦、牛琳琳、季文静、郭薇、刘佳浩、全丽静、陈岩、杨双惠、危乐帆、包思露、付婷、蒲红艳、敖秀丽、王凤、葛倩、孙雪荣、李苏琦、邓梦瑶、付永明、鲁紫莹、吴苹、朱秋平、龙志锴、黄城、毛松松、黄欣怡、刘志豪、莫光燕、曾志立、黎海燕。

感谢本书的插画作者霜月。

尤其感谢为本书题写书名的广东省人大教科文卫委刘小毅主任委员。

特别感谢为本书亲作序言的中国旅行社协会导游专委会专家组组长，第二届和第三届全国导游大赛决赛评委组组长，湖北大学旅游学院教授、博士生导师熊剑平，感谢恩师对本书高屋建瓴的总结和归纳，使本书增色不少！

同时还要感谢所有默默支持我的家人，是你们给予我巨大的支持和勇气。

以上致谢名单如有遗漏先深深致歉，实因时间仓促无法反复检查核对，还望各位亲朋好友见谅！书籍是遗憾的美学，虽然此书还有诸多不完美和欠缺的地方，但已是我人生漫长取经路上极为重要的一步，我已尽我所能将所学所思所想呈现在大家面前。感恩遇见，感谢有你！

沈莉莉

2025年6月